佐賀偉人伝 07

江藤新平

星原大輔 著

佐賀偉人伝07　江藤新平目次

はじめに

江藤新平は多面的な業績と悲劇的な最期によって早い時期から注目され、関連する研究書は枚挙に遑がない。大正三年（一九一四）に出版された的野半介『江藤南白』は、今なお江藤研究の基礎的文献となっており、このほかにも、杉谷昭『江藤新平』、毛利敏彦『江藤新平』、鈴木鶴子『江藤新平と明治維新』などがある。これらの研究成果によって、江藤の言動は詳細に検討が加えられ、その業績には高い評価が与えられてきた。

しかし平成十三年（二〇〇一）に立ち上げられた江藤新平関係文書研究会によって、新たな事実が明らかにされてきた。筆者も縁があって同会の末席に加わったが、佐賀県立図書館と佐賀県立佐賀城本丸歴史館が所蔵する書翰をすべて翻刻したり、また江藤新平の子孫や関係者が所蔵していた関係文書などの存在を明らかにしたりするなど、精力的に活動を展開した（『江藤新平関係文書の総合調査』）。

本書では、従来の研究成果を踏まえつつ、こうした史料発掘や史料考証の成果を通じて明らかになった、ほとんど知られることのなかった江藤の言動についても紹介したい。

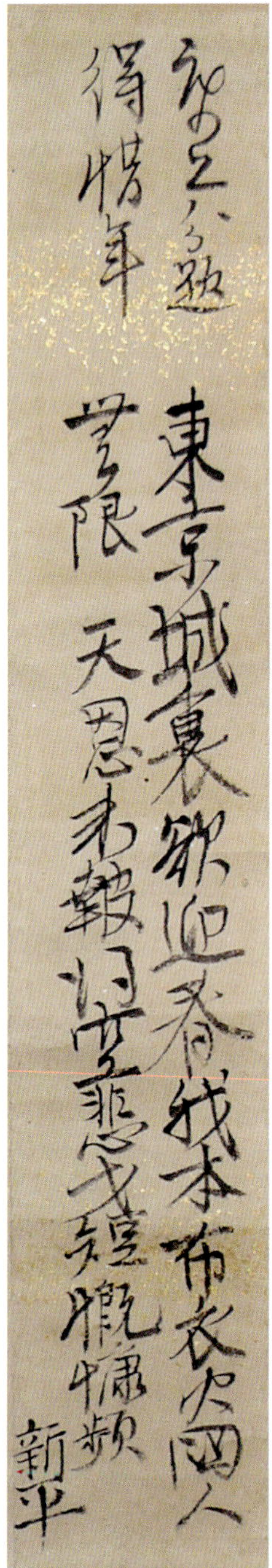

江藤新平書短冊　席上分題得惜年。東京城裏欲迎春。我本布衣火国人。無限天恩未報得。空悲才短慨慷頻。新平。／佐賀県立博物館蔵

第一章　生いたち

誕生

江藤新平は天保五年（一八三四）二月九日、父助右衛門胤光（たねみつ）、母浅子の長男として、佐賀郡八戸村（やえむら）（現佐賀市八戸）に誕生した。幼名は恒太郎・又蔵、諱（いみな）は胤雄（たねお）、号は南白・白南。

江藤が佐賀藩時代から用いていたこの号は、中国春秋戦国時代の甯戚（ねいせき）の故事に由来するという（『南白遺稿』序）。甯戚は斉（せい）の桓公（かんこう）に仕えたいと切望していたが、貧窮のために、その願いを遂げられずにいた。そこで旅商人となり、牛に荷を牽かせて斉の都・臨淄（りんし）に向かった。夕暮れとなり城門の外で野宿していたところ、突然、城門が開いた。桓公が郊外で賓客を出迎えるため、従者を引き連れて出てきたのである。牛に飼葉を与えていた甯戚はその様子を見て、牛の角を叩きながら急調子で、

　　南山矸（なんざんかん）たり
　　・南山矸

・白石爛
生不遭堯与舜禪
短布単衣適至骭
従昏飯牛薄夜半
長夜曼曼何時旦

白石爛たり
生まれて堯と舜の禅りに遭わず
短布の単衣　適ま骭に至る
昏より牛に飯せて夜半に薄る
長夜曼曼として　何れの時にか旦けん

と、仕官が叶わないわが身の悲哀を歌った。これを聞いた桓公は、彼の異才を感じ取り、すぐに呼び寄せ大夫として登用した。甯戚はその後、管仲らとともに桓公を補佐し、春秋の覇者にまで押し上げたのであった（『淮南子』道応訓）。

この「飯牛歌」は後世の作と言われている。しかし江藤はこの故事を時折思い起こし、自分を鼓舞していたのであろう。実際、江藤が政治の表舞台に立ち、その能力を発揮するようになったのは明治元年、三十五歳のときからである。江藤は参議まで登りつめたが、その人生の大半は苦難の連続であった。

幼少青年期

甯戚がそうであったように、江藤も幼少青年期は非常に貧しい生活環境にあった。手明鑓の父助右衛門は、郡目付や徒罪方、貿易方などの藩役を勤める能吏であった一方、剛直豪放な性格からさまざまな問題も起こしていたらしい。あるとき、それが災いして御役目御免となってしまった。それから程なくして、江藤家は城下を去り、遠祖の千葉常胤が拠点としていた小城郡晴気村（現小城市小城町晴気）に移り住んだ。そんな苦境の中で、江藤は母浅子から四書五経の訓読を授けられ、読書に耽る幼少期を送った。

約四年後、周囲の人たちの配慮によって、父助右衛門は貿易方の藩職に復帰し、江藤家は再び城下へと戻ってきた。藩校弘道館の課業法では、藩士の子弟は六、七歳で外生として入校するのが通例であったが、江藤は家庭事情や困窮のため、嘉永二年（一八四九）、十六歳にしてようやく内生寮での寄宿生活が始まった。当時、寄宿生は若干の米などを寮厨に納めていたが、江藤はそれができなかった。「蓬髪乱鬢、弊衣を着し、敗袴を穿き、汀壌の両刀を横う。其の容貌言語、恰も深山の野人に異なること無し」。これが江藤の当時の様子であった。しかし当の本人は「常に浩然の気を吸う」「人智は空腹の中より生ずるものなり」と言い、意気昂然としていた。

この弘道館で江藤に出会った副島種臣は、次のように回顧している。

江藤新平という男は一寸見ると鈍いような人であった。そこで人が知らなかった。矢張人は鈍いと思って居った。夫れを中野方蔵が見出して拙者に余程奇抜な所がございますと告げられた。そこで江藤を呼んで話をして見た所が、成程見る所が頗る卓越して居る。それで矢張後輩中にも先輩が余計に喜んで懇意にすると云うが、引立つると云うては失礼であろうが、矢張私が能く仕立って、それからずっと此人は現われて来られた。

江藤新平（参議時代）／佐賀城本丸歴史館蔵

江藤新平用印　右から「胤雄」「新平」
佐賀城本丸歴史館蔵

江藤が「現われて」きたのは、副島という良き先輩に恵まれたこともあるが、やはり彼の学問に対する情熱が人一倍であったからであろう。藩校の学業以外にも、石井松堂や福田東洛らの私塾にも通い、国史や律学などを修学した。「霜露風雨を避けず、毎日来りて書を講ず、努力の功、其の知識は歳と共に長ず」とは、石井の後日評である。

江藤は安政元年（一八五四）に蘭学寮にも入校している。関係文書中には科学や軍事関係の単語やメモが記されたノート類が現存し、また近年、江藤が使用したであろう蘭語文法書の写本の一部が見つかっており（『佐賀新聞』平成十九年五月九日）、蘭学にも相当力を入れていたと思われる。大隈重信が「尊攘の論方に盛んなる時、泰西訳書を渉猟し」と語っているが（『南白江藤新平遺稿』序）、江藤がどのような書物を手にしていたのか不明である。しかし維新直後の意見書などを見ると、政治・法律関連のものを早い時期から読んでいた可能性は高い。

枝吉神陽の薫陶

江藤は藩校弘道館で多くの師友に出会う。とりわけ親しく交わり、日々切磋琢磨したのは、副島種臣、大木喬任、中野方蔵、大隈重信、古賀一平（定雄）、坂井辰之允、坂部晋之允、中野雲逵らであったという。彼らに共通していたのは、朱子学を固守し詩文を重んじる従来の学問体系に満足できなかったことである。

そんな折、副島の実兄、枝吉神陽が嘉永二年（一八四九）に江戸遊学を終えて帰佐したことにより、「佐賀の学風」は「一変」する。神陽は全国から優秀な人材が集っていた昌平黌（しょうへいこう）において書生寮の舎長を務めたほど、学識は卓越していた。またその学問内容は、当時主流であった朱子学ではなく、令義解（りょうのぎげ）や職原抄（しょくげんしょう）などの律令学、古事記や日本書紀などの国史を中心とする「国学」であった。帰藩後すぐに弘道館の国学指南に任じられた神陽は、自らの学問の成果を青年書生らに教諭しはじめた。藩内にはこうした動きを白眼視する向きもあったが、多くの若者たちが神陽の人徳と学風を慕って集まるようになり、史学派と呼ばれる一派を形成した。江藤もその一人であった。

　江藤自身が神陽に関して記したものは残されていないが、徳久恒範（とくひさつねのり）が「江藤先生は、容易に人に感服する人に非ざりしに、枝吉神陽先生には、非常に感服し居られたり」と伝えているように、神陽に深く傾倒したことは間違いない。神陽は『葉隠聞書校補（はがくれききがきこうほ）』編纂に従事した際、執政鍋島安房（なべしまあわ）から『常朝書置』『同打解咄』を借りて写し、門外不出として秘蔵していた。江藤は安政七年（一八六〇）、これらを写すことを許されている。また神陽を中心に「古の文を学び、古の道を行じる」会が設けられ、講習討論を行なっていた。江藤はここにも、竹野本嵩（たけのもとあき）、小出千之助（こいでせんのすけ）、池田文八（いけだぶんぱち）、石丸虎五郎（いしまるとらごろう）（安世（やすよ））、長森伝次郎（ながもりでんじろう）（敬斐（たかあき））らとともに、参加していた（島善髙『律令制から立憲制へ』）。二人の師弟関係をよく窺わせる事例である。

　神陽の教授法はどのようなものであったのであろうか。門弟の一人である大隈は、「先（ま）ず課するに古事記・令義解の謄写と暗記とを以（もっ）てす」と語っている。おそらく江藤も同じように、まずは謄写と暗記によって律令格式や国史に関する基礎知識を徹底的に叩き込まれたのであろう。しかしそれは、単なる詰め込み教育ではなく、あくまでその知識を基に「実用」「実践」を追求することが目的であった。先の徳久は、次のような逸話も残している。あるとき、江藤ら数名が神陽に書経の講義を依頼したところ、神陽は「書経を読むには、先ず書経の大主意、則ち堯舜の大徳なる所以は何所にありや、を知らざるべからず」と述べ、どう思うかと問いただした。江藤らはこれに答えられず一旦退いた。そして自分たちだけでまず研究し、後日、神陽に結論を報告したが神陽の首肯は得られなかった。そうしたやりとりが幾度か続いたが、神陽を納得させる答えを導き出せず、最後は神陽に教えを乞うたという。ここからも、神陽の学問が単なる暗記、解釈ではなく、常に問題を自らに引き付けて考え、かつ天下経綸を追求するものであったことが知られよう。だからこそ後年、木戸孝允が神陽の弟子であった大木喬任を評して、「漢学者と申すとみな詩文とか経学とかをやるくらいで一向に実用ができない、しかし大木はこれに反して大いに経綸策に長じている、大木のように用いてやれば漢学だって行かないことはない」と語ったのである。

江藤らは幕末期に神陽を通じて、こうした知的素養と思考方法を身につけたことが、のちに維新政府で台頭していく大きな要因となる。

義祭同盟に参加

もう一つ、江藤が神陽から影響を受けたものは尊王精神、すなわち国家観である。その象徴的なものが、義祭同盟である。

江藤新平が湊川神社に奉納した燈籠と同銘

江藤熊太郎／佐賀城本丸歴史館蔵

什物方に任じられた神陽らが、かつて深江信渓が彫刻させた楠木正成父子像の所在を知り、嘉永三年（一八五〇）楠木正成の命日である五月二十五日に、これを同志とともに祭ったのが始まりである。龍造寺八幡宮に現存する「楠公義祭同盟連名帳」の写しには、神陽をはじめ、副島種臣、島義勇、大木喬任、楠田英世、石丸安世、大隈重信、久米邦武ら、のちに明治国家建設の一翼を担った人物の名が記されている。江藤の名は嘉永五年（一八五二）から記されており、同七年に奏上したと思われる「祭橘卿文」と題する祭文もある。

　江藤は楠木正成に対する尊崇の念を生涯持ち続けた。楠木正成を祭る湊川神社が明治五年（一八七二）に創建されたが、江藤は翌年九月、ここに「参議正四位江藤新平」と刻んだ一対の石燈籠を献納した。この燈籠は戦災や自然災害などの厄難を乗り越え、国史蹟・楠木正成戦歿地内に現存している。なお同社には、大隈重信や大木喬任、石丸安世ら義祭同盟のメンバーが献納したものもある。また江藤の長男熊太郎も上京の途中に湊川神社に参詣したり、また楠公由来の地をわざわざ訪ねたりもしている（「江藤熊太郎日記」）。父新平の影響であろう。

　この義祭同盟が興った背景には、神陽が唱えていた「日本一君論」がある。副島が兄神陽は「名分論家」であったと述べているように、彼は『論語』にある正名論を重視した。「名正しからざれば則ち言順わず。言順わざれば則ち事成らず。事成らざれば則ち礼楽興らず。礼楽興らざれば則ち刑罰中らず。刑罰中らざれば民手足を措く所無し」。孔子が政治の根本要諦として弟子の子路に語ったものである。

したがって神陽にとって、征夷大将軍が「天下を有つ」とか「大君」と称するのは、名を乱すこと以外の何物でもなかった。将軍と藩主、藩主と藩士の関係はあくまで「主従」であり、天皇のみが「君」であって、将軍、藩主、藩士その他は、全て天皇の「臣下」であるとする。これが「日本一君論」である。したがって従来の社会秩序、つまり幕藩体制は正されるべき体制であった。そこで神陽は「国学」を通じて、日本の国家体制の「名分」を見出そうとしたのである。のちにこれが倒幕運動の理論へと展開していく。神陽の学問と思想には密接な相関性があった。

しかしだからといって、神陽が旧来の体制に固執していたかというと、そういう訳ではなかった。神陽の畏友であり、平田国学者として著名な矢野玄道（やのはるみち）はある書翰で、

律令類より古き御掟書の物、又徂徠の政談やら雑書までも集見申し候て、猶ほ此上世界の有ゆる万国の制度を聞き合せ、万歳の後禁中へ政の帰し候時の為に遺し置きたく存じ奉り候。此が学者第一の忠節と存じ極め候。（中略）万国の制度を取って我邦家の為に取用ひ、万古不易の計策を立てたく……

と記している。古今東西の文献を渉猟し、その良制を積極的に取り入れようというのである。そしてこれは自分一人だけの考えではなく、神陽や坂本幽斎（さかもとゆうさい）ら同志と申し合わせているとしていた。なお江藤と大隈は、維新直後に矢野に教えを乞

いに来ていたという（矢野太郎『矢野玄道』）。
国学に関する膨大な知識を蓄え、さらに古今東西の知識を追究する姿勢、そして「名を正す」という大義を重んずる。こうした学統は当然、江藤をはじめ佐賀の門弟たちにも引き継がれていたに違いない。幕末期に現実政治に参画することはなかったけれども、江藤が政治機構や法律に強い関心を寄せ、中央集権国家体制という観点から日本の国制・法律を思考する素地は、幕末期に形成されていたのである。

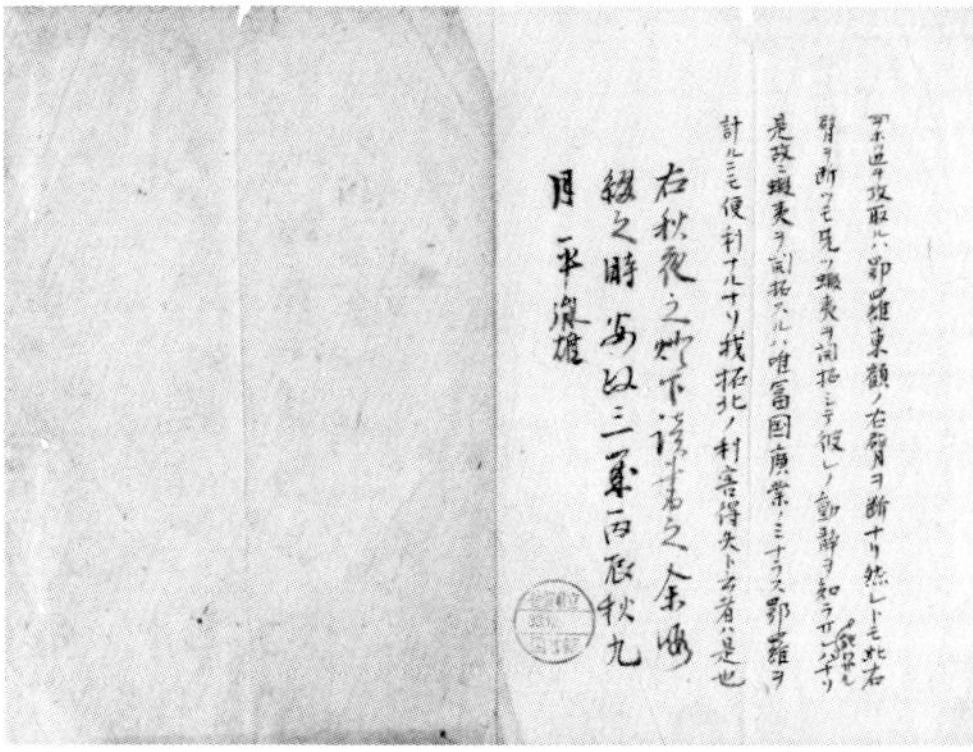

江藤新平『図海策』巻末「安政三歳丙辰秋九月。平胤雄（江藤新平）」と署名が見える
佐賀県立図書館蔵（江 929-8）

世界への視野

嘉永六年（一八五三）の黒船来航を契機に、わが国は激動の時代を迎える。江藤はまだ学徒の身ではあったが、こうした時代の変化を敏感に感じ取り、さまざまな情報を収集し、対応策を思索した。「実用」「実践」を追求する神陽の学風ならではと言えよう。こうして安政三年（一八五六）九月、自分の構想する経綸策を『図海策（とかいさく）』としてまとめた。「形成」「招才」「通商」「拓北」からなるこの意見書では、西洋諸国と条約を結んで貿易を盛んにし、世界中から人材を招聘して政治・経済・技術・学問などを発展させるという開国論を展開し、海軍の整備と北方経営に努めることが、今の「良策」であると論じられている。当時の世界情勢を踏まえており、江藤が時代状況を俯瞰的に考察しようとする姿勢がうかがえる。

安政六年（一八五九）、弘化元年に創設された御火術方目付（おかじゅつかためつけ）に任ぜられ、二十六歳にして初めて藩職に就いた。その後、上佐賀代官所手許、貿品方と転任

圖海策

我邦ノ當今ノ形勢ヲ考ルニ実ニ患ヲ湫然トシテ

下涙ヲ下スベキ者ニシテ之ヲ思フテ慨然トシテ自ラ堪ル無ケン

也者一ツ夫ノ近年米夷狄等通商ヲ願ヒ薪水ヲ御乞

ヲ名トシテ続テ東西着船也是トテ数諸港ニ来舶スル八蓋シ日本ノ情實ヲ窺ハンナリ

是力故ニ夷狄ヒト謂ル當時墨夷否豈金助ト云者ハ墨

ノ情實ヲ彼等ニ説ク審ニヤ来船中ニテ亜墨墨最 [redacted] 干リ在

次之而墨夷者英也

當時英夷尾刎ヲ乙吉日本ノ情實ヲ語セシ故ニ尤モ其ハ

暴セル映咭之次也但シ金助一處士ト見テ

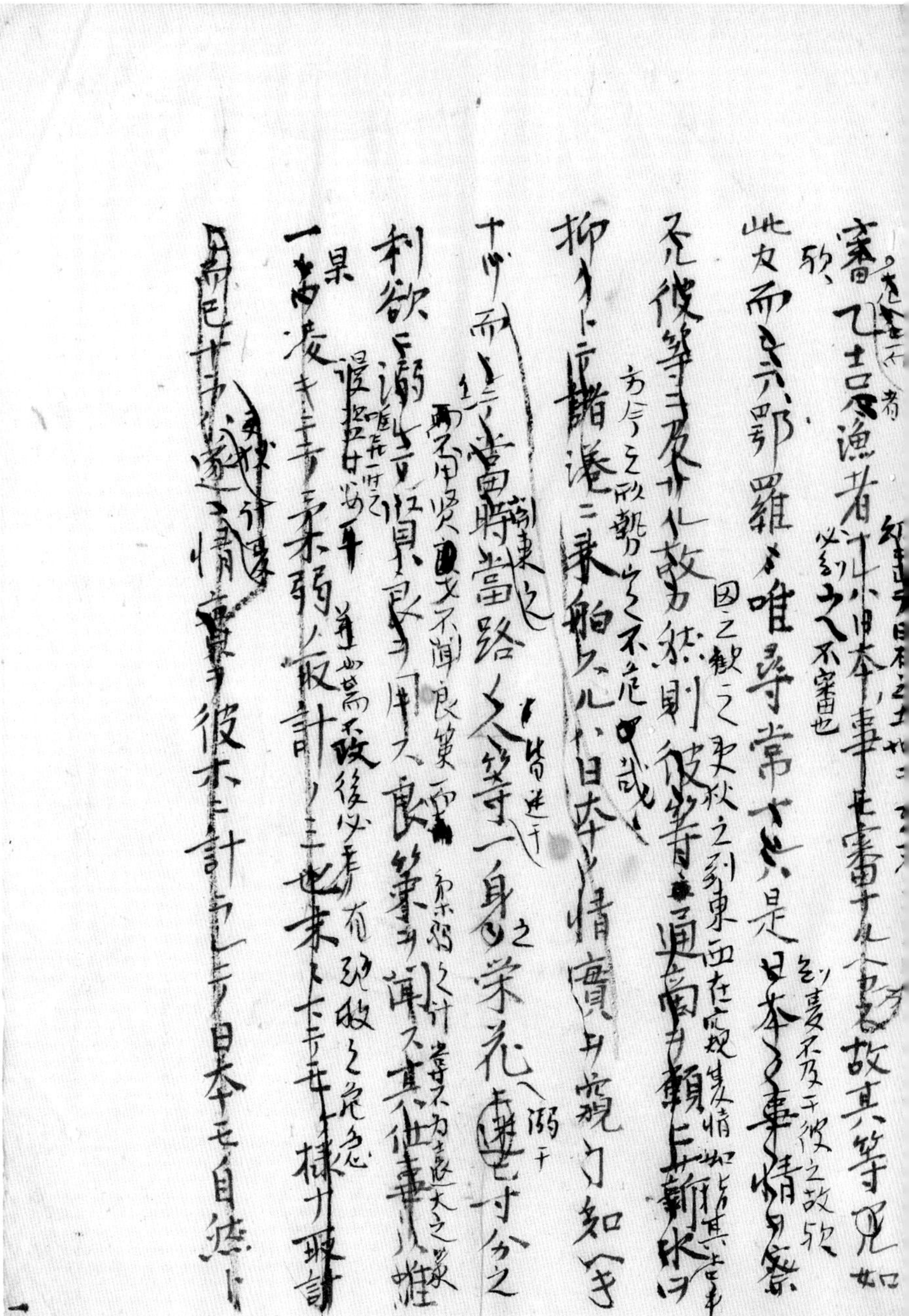

江藤新平『図海策』巻頭／（同前）

する。また私生活においても、従妹の江口千代子と結婚し、長男熊太郎が生まれるなど、新しい家庭を築きはじめた。

一方でこのころ、幕府が条約締結の可否を大名や旗本に諮問したことをきっかけに、わが国に「処士横議」「浪士横行」と言われる政治空間が生み出された。いわゆる志士たちが横断的な連結を図り、藩・身分を超えて自由闊達に議論し、政治改革を求めはじめたのである。佐賀藩では、旅人が三日以上滞留することは認められず、藩士は他藩の者との交流・情報交換を制限されていた。しかし万延年間になると、長崎警備を担い、西洋技術を積極的に導入していた佐賀藩との連結を求め、筑前藩の平野国臣(ひらのくにおみ)や秋月藩の海賀宮門(かいがみやと)らが来佐している。目的は、史学派の指導者である枝吉神陽との提携である。江藤もこうした場にしばしば同席していたらしく、時代の変化を肌身に感じていたことであろう。ただ藩是もあり、神陽らはこうした動きに積極的に繋がろうとはしなかった。そんな彼らに思いもよらない報せが届く。

盟友・中野方蔵の死

江藤が、義祭同盟のメンバーの中で最も深く親交したのは、大木喬任と中野方蔵であった。歳も離れ性格も異にし、また江藤のほうが家禄も身分も下であったにも関わらず、三人は志を同じくし切磋琢磨する間柄にあった。中野は早くから「固本盛国策」で幕府の大政奉還を説くなど、彼の剛毅な性格と高い識見は仲間内で一目置かれていた。

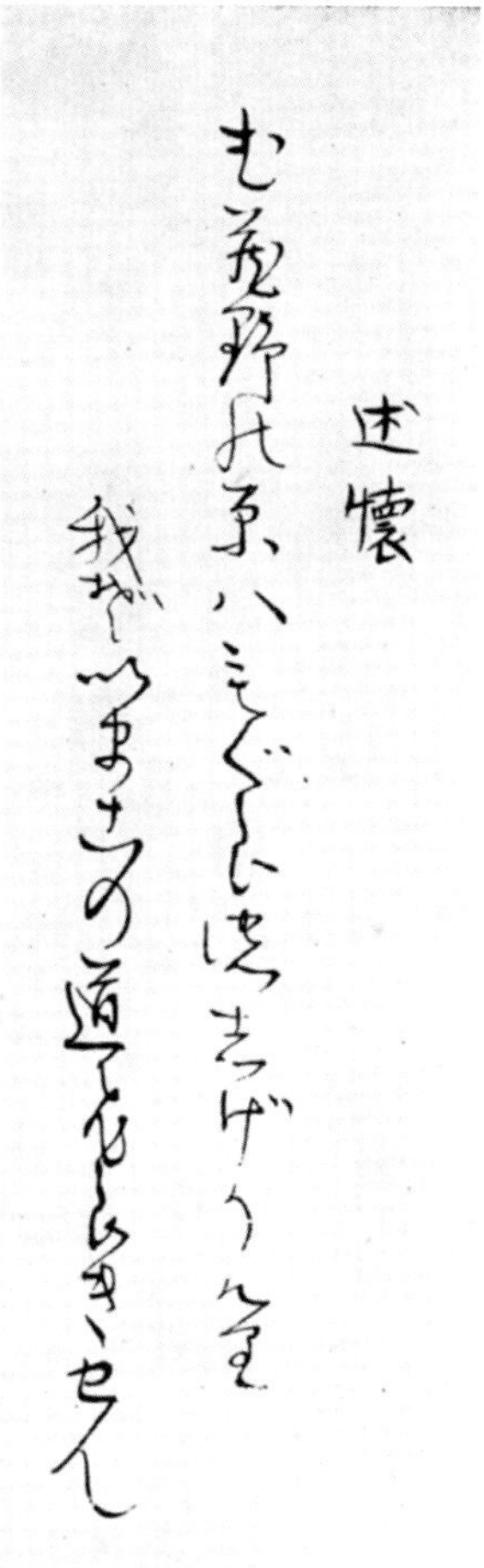

中野方蔵書　述懐。武蔵野の原はもぐらのしげりけり我ぞいまこの道ひらきせん（『中野方蔵先生』）

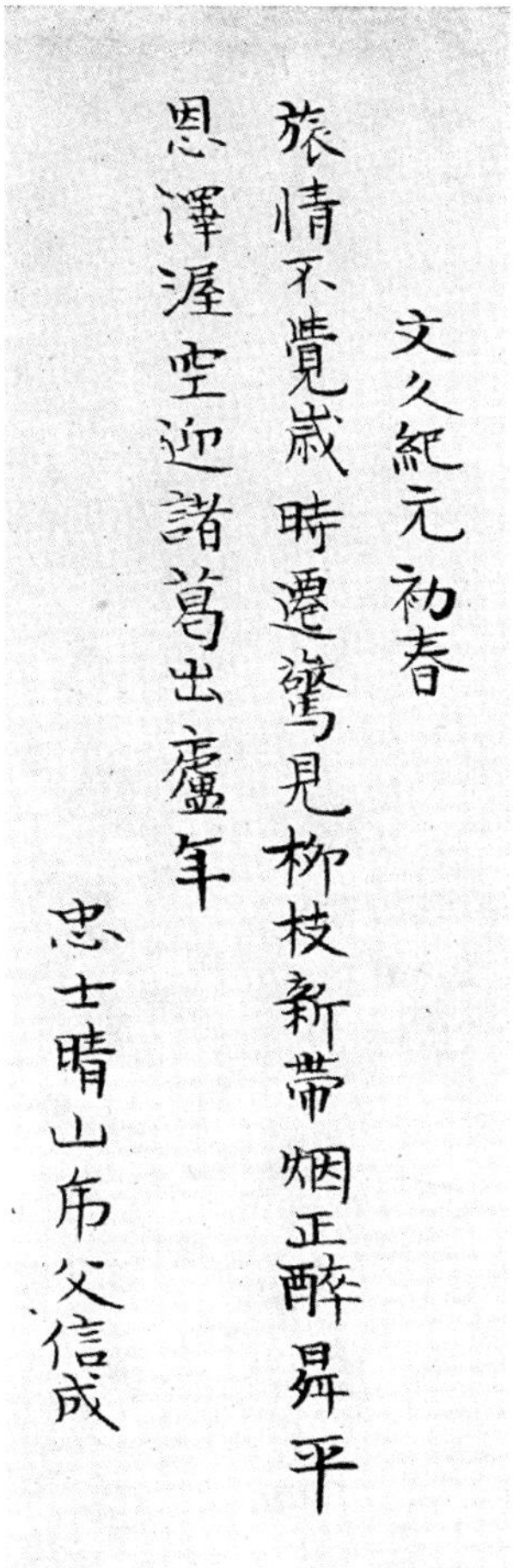

中野方蔵書　旅情不覚歳時遷。驚見柳枝新帯烟。正酔昇平恩沢渥。空迎諸葛出廬年。文久紀元初春。忠士晴山虎父信成。（同右）

中野方蔵墓碑額　篆書で「中野晴虎之墓」と刻されている／港区・賢崇寺

中野は万延元年（一八六〇）に江戸遊学が許され、昌平黌に入った。勉学に励むかたわら、彼は長州藩の久坂玄瑞や儒者の大橋訥庵らと交わり、そこで得た時局関係の情報を佐賀の江藤と大木に逐一伝えていた。そして「三人、此世に生まれたるは天の日本に授けたる所」と言い、二人も江戸に早く出てくるよう呼びかけていた。

二年後の文久二年（一八六二）一月、老中の安藤信正が襲撃される坂下門外の変が起こる。計画は事前に幕府の知るところとなり、関与していた大橋とその門弟ら関係者は事件前に捕縛されていた。このとき、中野も捕えられたのである。その報せを受けた江藤と大木らは藩に、中野の釈放を幕府に掛け合うよう求めた。しかし中野は五月二十五日に獄死、一説には毒殺されたとも言われている。奇しくも楠木正成の命日であった。

中野は獄中から江藤に、「晴暖驕りを生ぜず、従容として艶姿を装う。一朝暴風到りて、笑みを含みて各々枝を辞す」という詩を送っていたという。「暴風」による盟友の死を知った江藤は深い悲しみに暮れるも、一方では、「吾人にして起たずんば、誰か復た其の志を継ぐものあらんや」と周囲に語ったという。副島種臣が「勇を本とし知」を加えると評した江藤の政治的行動の始まりである。

第二章　雌伏——佐賀藩時代

脱藩

江藤が出した答えは、脱藩であった。といっても、浪人となって尊王攘夷運動に参画するというのではなく、あくまで「方今の形勢」の見聞が目的であった。したがってその「機先」を見定め次第すぐに帰郷すると、藩に提出した上申書に記している。それゆえ、江藤のこの行動は上洛を企図していた鍋島直正の動きと連動していたとも、近年指摘されている（毛利敏彦『幕末維新と佐賀藩』）。

文久二年（一八六二）六月二十七日、江藤は脱藩の禁を犯したのであった。資金は、大木喬任から借り受けたといわれている。脱藩中の江藤の動向については、『江藤南白』に記されている以上のことは今なお不明である。京都に到着した江藤は、中野から聞いていた久坂玄瑞と会うべく、長州京都藩邸を訪ねたが不在。しかしここで木戸孝允と初めて出会う。木戸の斡旋で山口繁次郎宅に潜居し、また木戸の伝てで、当時攘夷派公卿として名を馳せていた姉小路公知に面会した。姉小路は江藤の才能を評価し、日当金二朱で幕下に迎え入れようとしたと伝えら

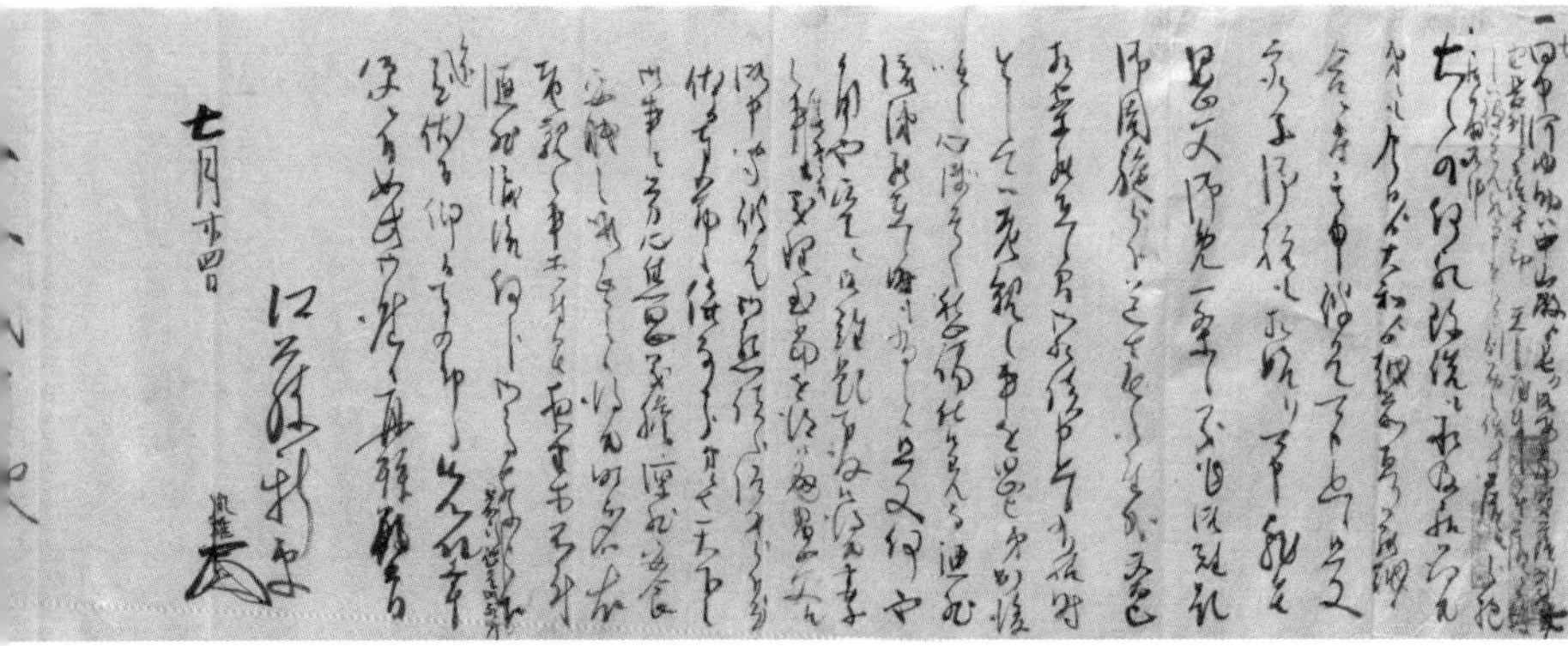

れている。このような人脈を築いたことで江藤の行動範囲は広がり、広範な情報収集が可能となった。さらに姉小路を通じて、孝明天皇に「密奏の議」を奉じたりもしたという。

ここでは、江藤が大木と坂井辰之允に宛てた一通の書翰を紹介したい（憲政資料室「大木喬任関係文書」）。日付は七月二十四日、つまり脱藩して約一ヶ月後に出されたものである。現存するこの一枚の書翰の右上隅には「七」とあり、冒頭には、田中河内介の死に関する噂が箇条書きで記されている。したがって本来は七枚綴りのもので、亡失したところにも江藤が見聞きした情報が記されていたと推測される。多くの情報を、とにかく一日でも早く郷里の仲間たちに伝えたい、そんな江藤の思いが感じられる。

さてこの書翰には、「今日より大和より越前亙りへ罷り越し候含に候」とあり、少なくとも江藤は、奈良や福井まで足を延ばそうと考えていたことがわかる。後にまとめられた報告書に「京都其の外にて見聞致し候廉々」とあるように、江藤はかなり広範囲に亙って活動していたと思われ、この時期に幅広い人脈を作り上げていた可能性もある。

この書翰でもう一つ目を引くのは、江藤が郷里の両親、家族への思いに言及している点である。盟友中野の死に奮起して脱藩したが、やはり郷里に残した肉親への思いは断ち切れなかったようである。

老親の事を思ひ、弟出後憮々心ぼそく愁傷仕り候わんと、漣然流涕罷り在り

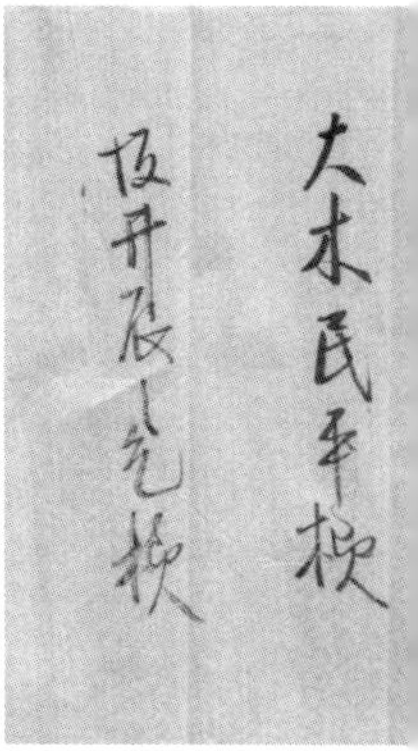

江藤新平：文久二年七月二十四日付大木喬任・坂井辰之允宛書翰
国立国会図書館憲政資料室蔵

候時も之れ有り候。（中略）併しながら弟には天下の御事に労心焦思、義胆凛然、安食安眠の暇之れ無く候えども、時としては右老親の事などに付きては夜半など計らず漣然涙流し……、

江藤の悲壮な決意が文面によく表われている。不安に駆られる江藤が、頼りにしたのは大木と坂井であった。自分の脱藩を理由に父助右衛門が罰せられないよう周旋し、かつ動揺する妻子の面倒を見て欲しいと懇願している。

江藤は、活動すればするほど、憤然たる思いを禁じ得なかった。いわゆる志士の多くは「尊王攘夷」を口にするが、いずれも適切な方策、手順を考えていない者たちであり、また薩長も「私心」で行動しているとしか思えなかったからである。そんな折、江藤は鍋島直正が上京するとの一報を耳にする。状況を打破するには直正の上洛が必要と考えはじめていた江藤は大いに喜び、それまで収集した情報を「京都見聞」としてまとめ、取り急ぎ帰藩の途に就いたのであった。

永蟄居中の動向

しかし藩の首脳は脱藩という罪を重く見、江藤を厳刑つまり死罪に処すべきであると考え、その旨を上申した。一方直正は、江藤が呈出した「京都見聞」「藩府の下問に答ふるの書」などに目を通し「異日有用の器たり」と感じ、「斬に処せしむべからず」と厳命したという。この結果、江藤は一命を取り留め、永蟄居（閉門の上、自室謹慎）に科せられたとされている。江藤が赦免されたのは

木戸孝允／港区立港郷土資料館蔵

慶応三年（一八六七）十二月というのが通説であった。しかし近年、元治元年（一八六四）七月十九日には刑を解かれていたことが明らかにされた（岩松要輔「幕末佐賀藩における江藤新平関係新史料」〈『江藤新平関係文書の総合研究』〉）。

ただそれでも疑問なのが、江藤が受刑中に屋外に、それどころか藩領の外に出ていたと、『江藤南白』に記されていることである。幕末期の江藤の様子を伝える史料が極めて少ない中で、文書によって確認できるのが、長州藩士たちとの密約である。『江藤南白』によると、江藤は文久三年（一八六三）五月、大木とともに久留米に赴いたという。当時、尊王攘夷派の指導的立場にあった水天宮祠官の真木和泉守と会うのが目的であった。あいにく不在であったが、弟の真木外記の手引きで、長州藩士の土屋矢之助、瀧弥太郎、久留米藩士の佐田白茅らと面会した。江藤と大木は彼らに佐賀藩の内情を説明し、時局を語り合ううちに、藩庁に長州藩を支援するよう働きかけて、大砲など武器を貸与させるという約束を交わしてしまった。

翌月、この密約を当てにした土屋ら三人が来佐したために、城下は大騒動になった。この事件は、当時着座であった鍋島市佑保脩（夏雲）の日記に

> 頃日より長州久留米其のほか浪人など御城下へ参り長州へ石火矢相談、是れは民平（大木喬任）新平ら出会の節、国元は石火矢などは大総之れ有り候よう申し語り、談じ候末相談之れ有り候はば貸渡相い成るべき旨約定の末にて右様相談に参り候ところ、爰元にては左様の訳に之れ無く、民平新平なども右様には

約定致さずなど申すようの儀にて大に逆論之れ有り候由

と記されている（鍋島家文書「鍋島夏雲日記」）。結局、土屋らに対して、江藤と大木が連名で謝罪文を提出することで決着がついたという。一介の藩士であった二人の言葉を、土屋らがどうしてそこまで信用したのであろうか。しかしそれ以上に、江藤と大木がこれだけの騒ぎを引き起こしながら、この一件で何らの処分も下されていないのは、全く不思議としか言いようがない。

　また江藤は、日記をつける習慣も持たなかったようである。それとは対照的に、親友の大木には事細かに記録する習性があった。幸いなことに、幕末期の日記が現存しており、ここから江藤の様子を幾分か窺い知ることができる。

　江藤は永蟄居に科せられたあと、当時山内目代であった小城鍋島家中の富岡九郎左衛門（とみおかくろうざえもん）（敬明（よしあき））を頼って、山内大野の金福寺に転居したとされている。ここで近傍の子供たちに読み書きなどの手習いを教えていたという。書家として知られる中林梧竹（なかばやしごちく）の従弟にあたる富岡は、幼少期の江藤が小城に居住していたころに同じ剣道場に通っていたともいわれ、また義祭同盟には参加していないが、神陽ら史学派とは交流していたらしい。後年、江藤について左のような賛を詠じている。

我慕江藤子　　我れ 江藤子を慕う
卓落一偉人　　卓落たる一偉人
雄弁飈発処　　雄弁 飈発（ひょうはつ）する処

副島種臣

大木喬任

挫鬼又折神　鬼を挫き　又た神を折る
材大不容世　材大なれば世に容れられず
長揖辞帝闉　長揖して帝闉を辞す
惜哉連城器　惜しいかな　連城の器
自砕不自珍　自ら砕きて自ら珍とせず

「大木日記」元治元年（一八六四）一月十七日条に「江藤宅相い尋ね候処、今日より山の方へ参らるの由」とある。これより江藤の名が日記にしばらく見えなくなることから、大野山への転居はこの日であったと推定される。佐賀城下では、江藤は「小城の方」の「食客の様」になったとささやかれていた。

　しかし四月になると、ふたたび、江藤の名が「大木日記」に頻出するようになる。江藤は六日に佐賀城下にやってきて、大木や副島、高柳忠吉郎らと会い、九日の昼に大野山へ戻っていった。用件は「小城一件之話」である。これは、同年に起きた小城藩騒動に関することである。

　小城藩第十代藩主鍋島直亮が一月二十七日に三十六歳で病死したため、四月二十五日に養子の直虎（直正の七男）が八歳で家督を継いだ。これによって第九代藩主直堯と姻戚関係にあった老臣太田蔵人の権勢が台頭し、故直亮配下の富岡敬明一派との間で政治的対立が抜き差しならぬものとなった。そして遂に五月七日の夜、富岡派は太田蔵人を襲撃するに至った（古賀次郎『小城藩騒動太田蔵人刃傷事件』）。

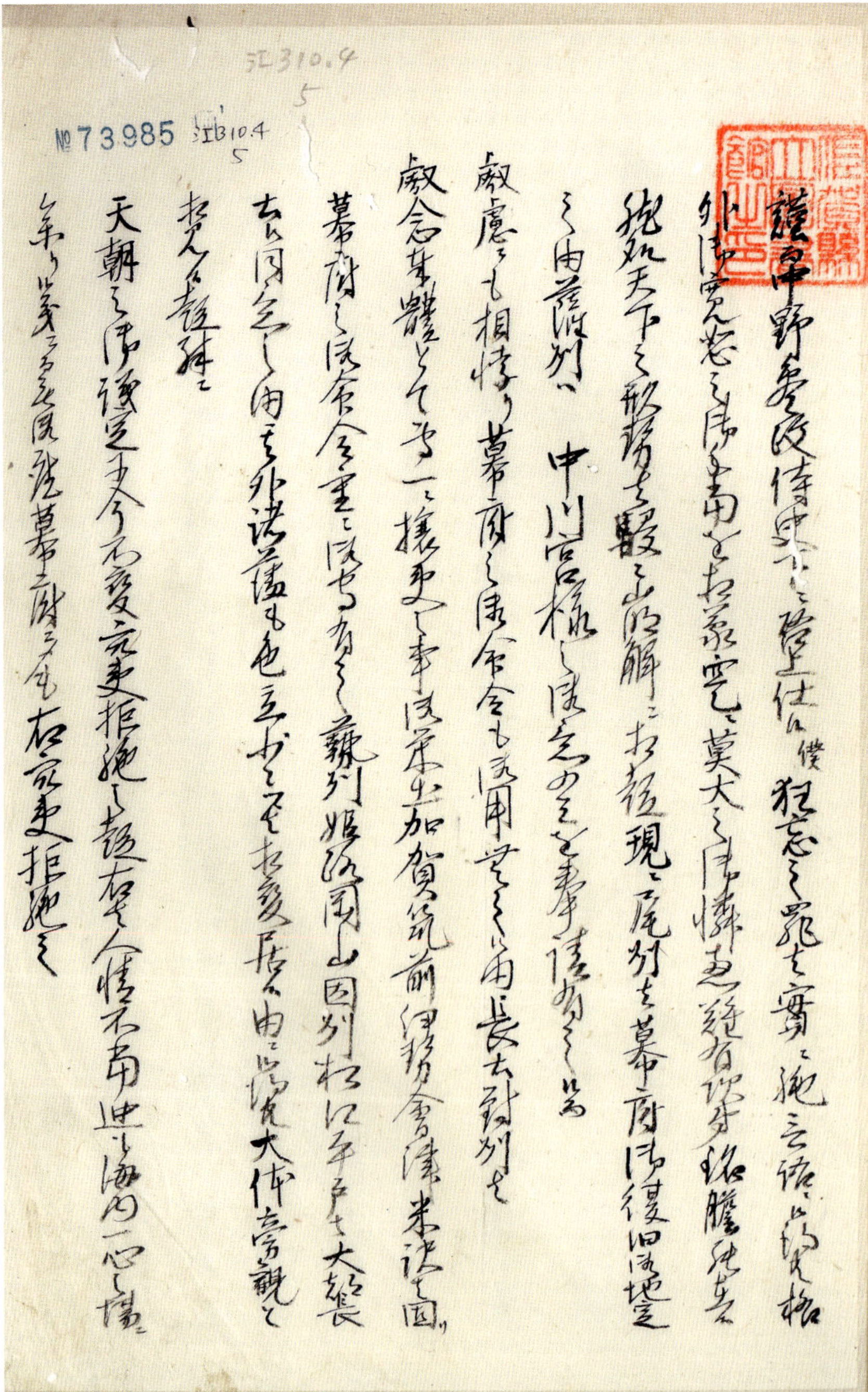

江藤新平『中野参政に呈する意見書』巻頭／佐賀県立図書館蔵（江 900-1）

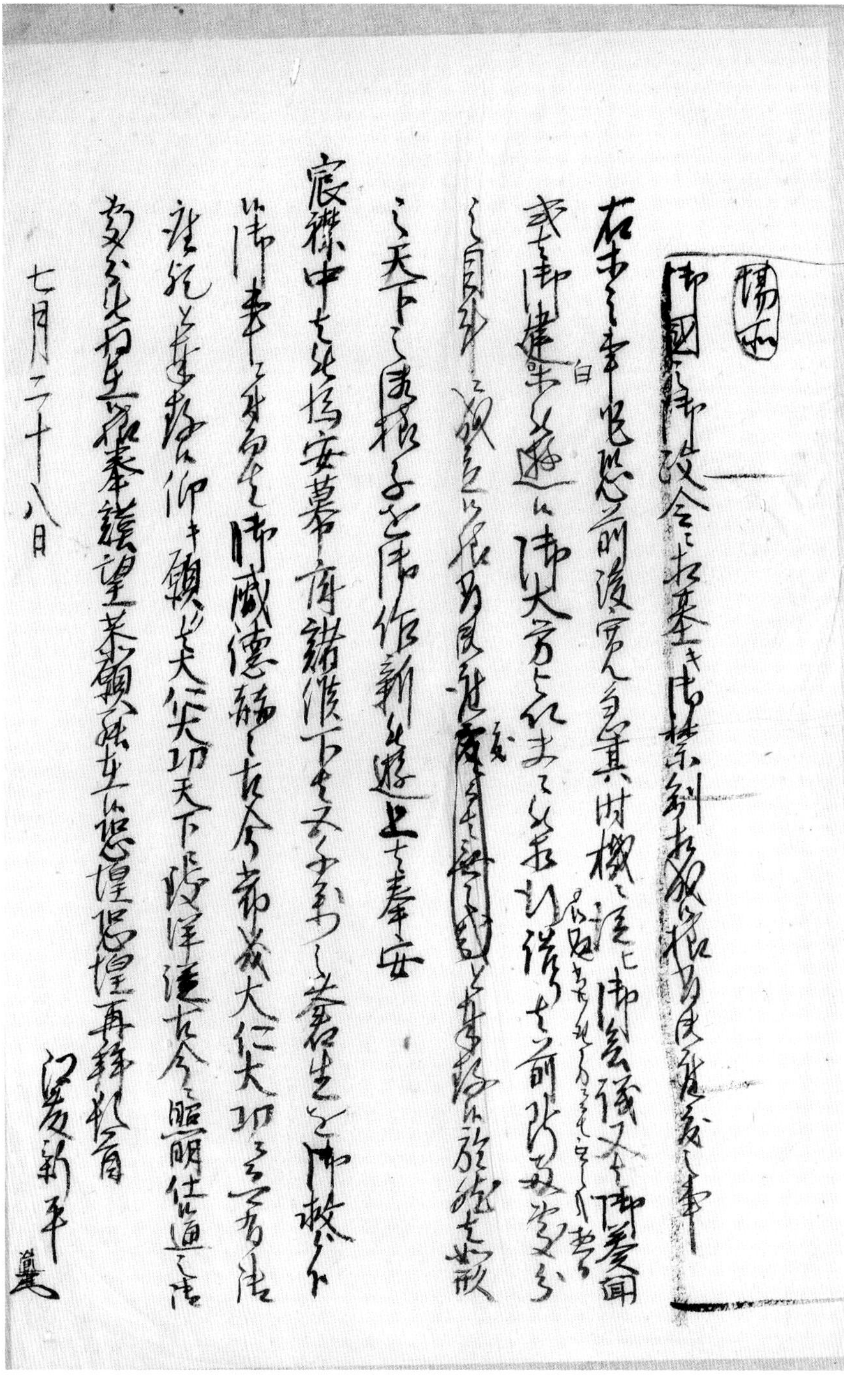
七月二十八日
江藤新平

同右巻末

富岡敬明／写真提供：北杜市浅川伯教・巧兄弟資料館©富岡道明

江藤は事件そのものには直接関与してはいないが、この政治的対立を緩和しようと動いていた。「大木日記」にある江藤の父助右衛門の談話によると、前藩主の死の直後から富岡ら「小城正義党」が太田排斥を計り、「三月三日桜田一挙之吉日」に事を起こそうと計画していたのを知った江藤は富岡を諫止したという。そののちに佐賀城下にやってきたのである。目的は、佐賀藩による仲介である。「夏雲日記」元治元年四月二十一日条に「右之人（江藤新平）より副嶋次郎（副島種臣）まで小城正義党より彼の太田蔵人を討ち果すべく申し合わせ候次第懇々申し咄し候由云々」とある。江藤は年配の副島を通じて、藩庁を動かそうとしたのであろう。しかし「内々御重役にも」接触しようとしたがうまくいかず、結局、刃傷事件が起きてしまった。事件から九日後、江藤は大木を尋ねて事件のあらましを語っている。これ以降、「大木日記」には小城一件に関する記述は見られない。事態は最早、江藤の関与できない次元の政治問題となってしまったのである。

富岡は襲撃犯ではなかったが、「小城正義党」の中心人物として捕縛され、伊万里山代の監獄に投獄された。赦免されたのは、維新後の明治二年（一八六九）三月四日であった。その背景には江藤たちの周旋があったといわれ、富岡はすぐに佐賀藩弁務に任ぜられた。その後は地方官として活躍、とりわけ熊本では約十五年間にわたって同県の民政に多大な功績を遺した。のちに山梨県北杜市長坂町に居を構え、荒地の開拓に尽力した。

この小城一件もまた、江藤は永蟄居に科せられていたとされる時期の出来事である。こうして見てくると、はたして、江藤の処罰が本当に「永蟄居」であったのかどうか。そもそもこの刑が科せられた時期などを示す史料は見あたらず、今後、新たな関連史料が発掘されるのを俟ちたい。

長州征伐への危機感

刑が解かれたとはいえ、藩は依然として江藤の言動に注意を払っていたであろう。ちょうどそのころ、中央政局では大事変が起きていた。七月十八日の禁門の変である。前年の八月十八日の政変によって、長州藩を中心とする攘夷派は一挙に京都から排斥された。そのため長州藩は藩主父子の赦免などを求め、京都に兵を進めたのであった。しかし長州軍は、幕府や薩摩藩、会津藩などの連合軍によって、一敗地に塗れてしまう。ここから第一次長州征伐に向かって、政局は急展開していく。

事変勃発の急報は二十六日に佐賀藩首脳の許に届き、翌日、手明鑓頭や小姓頭ら十四名にも伝えられた。二十二日に備立方から「自然異変の節急速出張仕与」に関する達（たっし）が既に出されていたが、これよって藩内の軍事的緊張が一気に高まった。こうした事態のなかで、義祭同盟のメンバーはたびたび会合の場を持ち、どのような行動を取るべきか、喧喧囂囂の議論を重ねていた。「大木日記」によって、その参加者が確認できる。荒木博臣・大隈重信・大木喬任・楠田英世・古賀一平・古賀広助・坂部晋之允・相良（さがら）宗蔵（そうぞう）・島義勇・副島種臣・多伊良文治左衛門・中野雲逹・西岡（にしおか）逾明（ゆめい）、そして江藤である。なお指導的立場にあった枝吉神陽は、江藤の脱藩中に病死していた。

八月六日、「江戸京」からの飛脚が到着し、七月二十五日に老中から留守居に、長州征討のため出兵準備を進めるよう命じられていたことが伝えられた。幕府による軍事行動がいよいよ現実味を帯びはじめた。同月十日、大木宅には朝からいつものメンバーが陸続と集まり、酒を酌み交わしながら夜を徹して協議した結果、副島から「建白」を藩に提出することが決定した（「大木日記」）。残念ながらその建白書の主旨は不明であるし、また建白提出を裏付ける史料も見当たらない。ただ大木が第一次長州征伐の出兵直前に、出兵に反対する執政宛の意見書を古賀一平に託し、また江藤も慶応二年（一八六六）に執政原田小四郎に、第二次長州征伐への出兵を不可とする意見書を提出している。こうしたことから、先の建白の主旨も長州征伐への反対、および佐賀藩の出兵不可を訴えるものであったと考えられる。しかし藩庁は十一日に「軍事仕与」の用意を命じ、長州征伐への参加の姿勢を示した。このように楠公尊崇を目的として始まった義祭同盟は、次第に神陽を中心とする研鑽集団から、藩論を動かそうとする政治集団として活動を展開するようになっていたのである。

ところで数年前、元治元年九月十日付の意見書、すなわち「急務讜言」が発見されたという報道がなされた（『佐賀新聞』）。冒頭に「余去月下旬帰寧して討長の伝檄ありし事を聞り（中略）本月朔日又々山に帰れり」とあり、当時の政治状況が詳らかに記された内容から、江藤が直正の密命を受けて調査活動に従事したときの報告書の一つではないかという見解も示されている。前記した慶応二年の執政原田小四郎宛意見書などを見ても、江藤が他藩の内情や政治情報に精通して

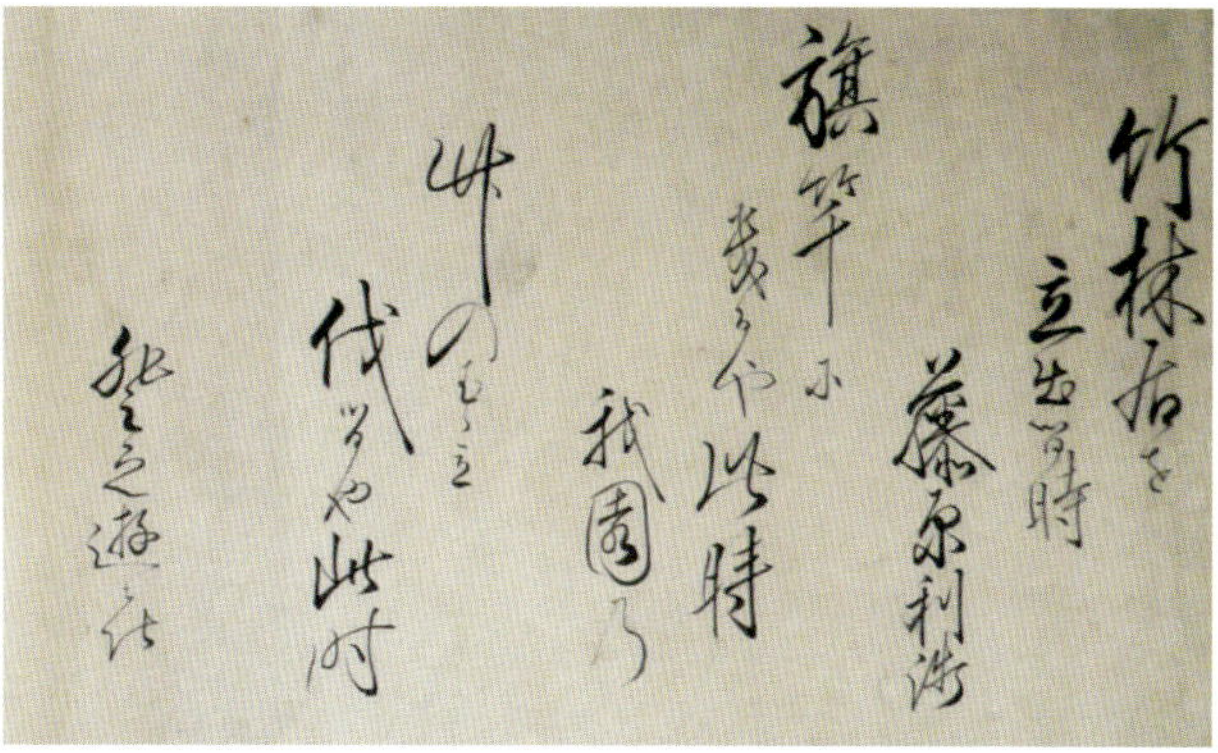

祇園太郎書　竹林居を立出る時。藤原利渉。旗竿にきるや此時我園の竹のむら立伐るや此時。としゆき。
写真提供：小城市立歴史資料館

いたことは間違いない。しかし「大木日記」を見る限りでは、江藤は大木を頻繁に訪ねており、藩領の外に出た形跡は見当たらない。どのようにして情報収集をしていたのであろうか。

ここで注目すべき人物を一人紹介しておきたい。前記した会合の出席者に、小城出身の古賀広助（天保四年～慶応二年）がいる。変名を祇園太郎（ぎおんたろう）という。安政六年（一八五九）に脱藩して各地を遊歴し、真木和泉守や河野鉄兜（こうのてっとう）、正親町公董（おおぎまちきんただ）など多くの志士や公家たちと交流していた。とりわけ奇兵隊にも入隊するなど、長州藩の人々とは昵懇の間柄にあった。それ故、なかなか表に出ない貴重な情報も得る立場にあり、それを佐賀の神陽ら史学派に伝えていたという（小城郷土史研究会編集部「幕末の志士祇園太郎」）。彼は禁門の変を機に一時帰佐しており、江藤たちは古賀から、政局の流れと長州藩の内情を事細かに聞いたのであろう。

また「大木日記」には、鷹取養巴（たかとりようは）ら筑前勤王党の名も散見される。同党の主要人物は長州征伐後に幕府の嫌疑を恐れた藩首脳によって処罰されてしまったために、現在あまり知られていないが、薩長同盟の素地を作るなど、尊攘派の中心的な役割を担った政治集団である。推測の域を出ないが、「大木日記」の内容を推すと、義祭同盟の面々はこの筑前勤王党と連絡を取り合っていた可能性が高い。こうしたルートから情報を手に入れ、彼らなりに時局を分析していたと思われる。

大宰府訪問

朝廷は幕府に対して長州征討の勅命を下し、幕府は前尾張藩主徳川慶勝を総督、薩摩藩の西郷隆盛を参謀とし、三十六藩十五万余の兵を以て進軍を開始した。佐賀藩もこの第一次長州征伐には出兵し、大木や副島らは従軍したが、江藤は佐賀に留まった。

結局、いわゆる俗論派が主導権を握った長州藩は、幕府側に対して三条件、すなわち①三家老の切腹、②三条実美ら五卿の他藩への移転、③山口城の破却を示して恭順した。このため三条たちは、一旦下関の功山寺に移り、元治二年（一八六五）一月二十五日に大宰府延寿王院へ拘置された。

こうした状況下で、江藤は執政原田小四郎宛の意見書をしたためた。ここには佐賀藩が喫緊に取り組むべき対策が箇条書きされており、大宰府の五卿については、彼らはいずれ「復職」するので「御優待の御所置」を為すよう進言している。佐賀藩からは愛野忠四郎が派遣されているが、藩として五卿やその衛士たちに積極的に接触した形跡は認められない。

しかし佐賀から大宰府にやってきた者は多くいたらしい。当時、三条の随士であった土方久元（ひじかたひさもと）は、彼らに議論を仕掛けてみても「一応藩主へ伺つてから」と答えるばかりで、「丸で木偶（でく）」「一向相手にならぬ馬鹿者ばかり」であったと後日談を残している。維新後のある日、土方がこのことを江藤に話したところ、江藤は「其れは其の筈である。閑叟（かんそう）は当時馬鹿計（ばか）りを択（えら）んで差遣（さしつか）わして居た。それは何故（なぜ）かと云ふに、少しでも理屈の解るものをやると、ドチラにか附く、ソウなれば事が面倒になるから、其れが為め態々（わざわざ）馬鹿計り択んで差し出したものである」と答えたという（『土方伯』）。

土方久元／『太陽』第5巻1号（博文館）

そんななか、江藤が慶応二年（一八六六）十二月七日、牟田口幸太郎とともに大宰府にやってきたのであった。『回天実記』『七卿西竄始末』によると、江藤らはまず、水野渓雲斎邸で土方と面談している。その素性と目的を確かめられたのであろう。その上で、三条実美への謁見が許され、「藩地の事情」を説明し「酒肴」を拝受した。江藤の目的は明らかではないが、この訪問が大政奉還後の江藤、さらに佐賀藩の行方を大きく左右することになる。

土方久元との邂逅

我々の持つ江藤新平像に多大な影響を与えたものの一つに、司馬遼太郎の小説『歳月』がある。司馬は歴史小説を執筆するさいには、膨大な関係文献を渉猟することで著名であり、この小説執筆に当たっても同様であったと思われる。この本では、江藤と土方の人間関係はあまりよく描かれていない。しかし関連史料を見ていくと、江藤が佐賀藩以外の人物で最も心許して交遊したのは、土方であったと思われる。土方の明治期の日記を繙いてみると、二人が公私に亙って親交していた様子が窺える。仕事後によく茶屋で遊んだり花見に行ったり、さらに明治六年政変直後の十一月六日にも、劇場（おそらく歌舞伎）に同行している。その交友関係が一過性ではなかったことは、新平没後の土方の行動からも察せられる。『江藤南白』には、土方は江藤の遺族に同情を寄せて保護に努めたとある。実際、土方の明治期の日記には、弟源作や長男熊太郎の名が散見されるし、熊太郎も明治十二年七月に、四国九州を巡廻した土方と長崎の銅座町で面談している（「江

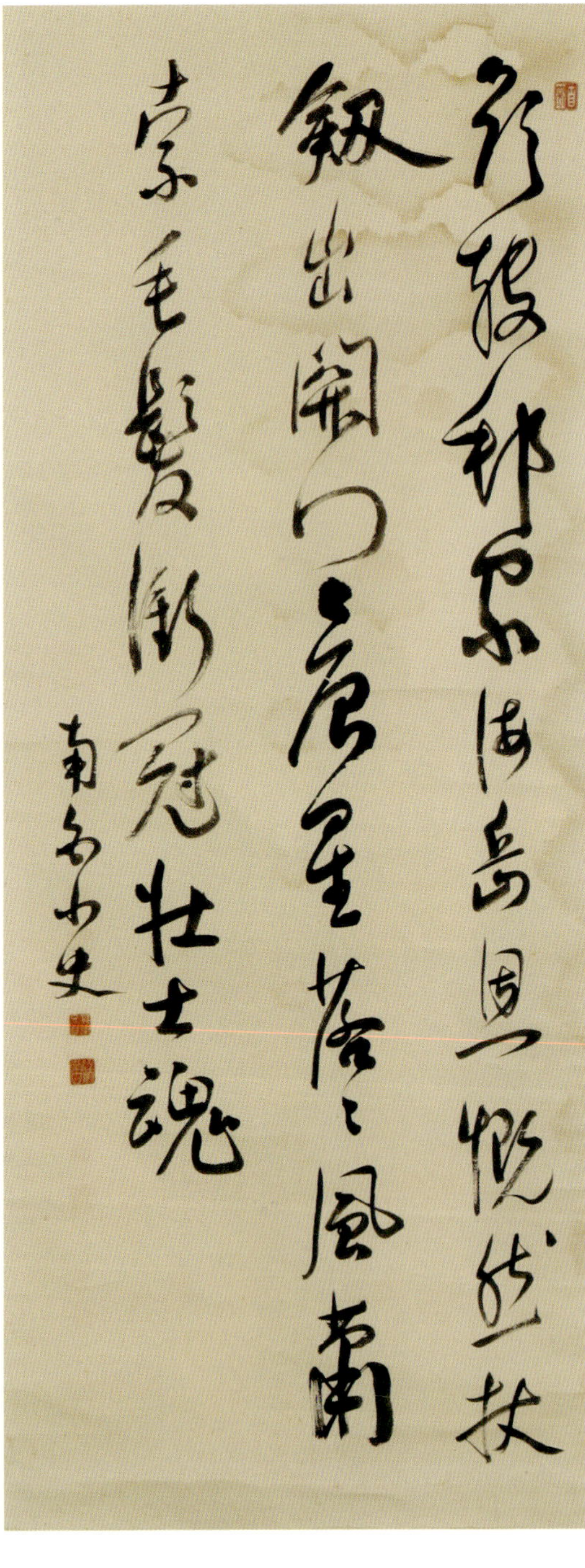

江藤新平書七言絶句　欲報邦家海岳恩。慨然杖剣出関門。晨星落々風蕭索。毛髪衝冠壮士魂。南白小史。／公益財団法人鍋島報效会蔵

三条実美／佐賀城本丸歴史館蔵

藤熊太郎日記」）。そして明治十六年四月十三日、土方は「麻布一本松某寺」に赴いている。ここで江藤と島義勇の慰霊祭が挙行されたからである。まだ佐賀の乱による罪名が消滅していなかった当時、内務大輔という官職にあった土方がここに参列したのは、やはりそれなりの思い入れがあったからである。土方は明治二十五年に刊行された『南白遺稿』に序文を寄せ、江藤との邂逅時のことを、

一見如旧、把臂談天下之事、意気豪邁、議論精確、出入和漢上下古今、抱負之大有不可測者焉。

――一見して旧の如し。臂を把り天下の事を談ず。意気は豪邁なり。議論は精確にして、和漢上下古今に出入す。抱負の大なること測る可からざる者有り。

と記している。土方は土佐勤王党に参加して以来、倒幕運動の中核で活動していただけに、坂本龍馬や中岡慎太郎など、数多くの人材を見知っていた。その土方から見ても、江藤の人柄や才覚は異彩を放っていたのであろう。

このように、江藤をはじめ義祭同盟のメンバーは、藩首脳の意向に反するような行動をたびたび見せていた。しかし幸いというべきか、佐賀藩の幕末期には、筑前藩や土佐藩などで見られたような、過酷な政治的処分は執られなかった。そこには前藩主の鍋島直正の意向があったともいわれている。それゆえ、副島と大隈は長崎で致遠館の創設に、大木は川副代官助役として民政に、とそれぞれ活躍の場が与えられた。しかし江藤には、適当な藩役は与えられなかった。自らを慕

う青年らと研鑽に努めつつも、心穏やかではなかったことであろう。慶応二年（一八六六）の大晦日に賦した漢詩がある。

兎烏荏苒促人奔　兎烏(とう) 荏苒(じんぜん) 人奔(はし)るを促(うなが)し
烈士心中豈可言　烈士の心中 豈(あ)に言(い)う可(べ)けんや
才短百方功未就　才短にして 百方の功 未だ就(な)らず
途窮千里志猶存　途(みち)窮すれど 千里の志 猶(な)お存す
映窓柳色春先動　窓に映る柳色 春先(さき)んじて動き
凌雪梅花日自暄　凌雪の梅花 日自ずから暄(あたた)かし
元是誓要明大義　元(も)と是(こ)れ大義を明らむを要するを誓う
隠憂耿耿向誰論　隠憂耿耿(いんゆうこうこう) 誰に向かいて論ぜん

しかし江藤の力を必要とする時代は、間もなく訪れようとしていた。

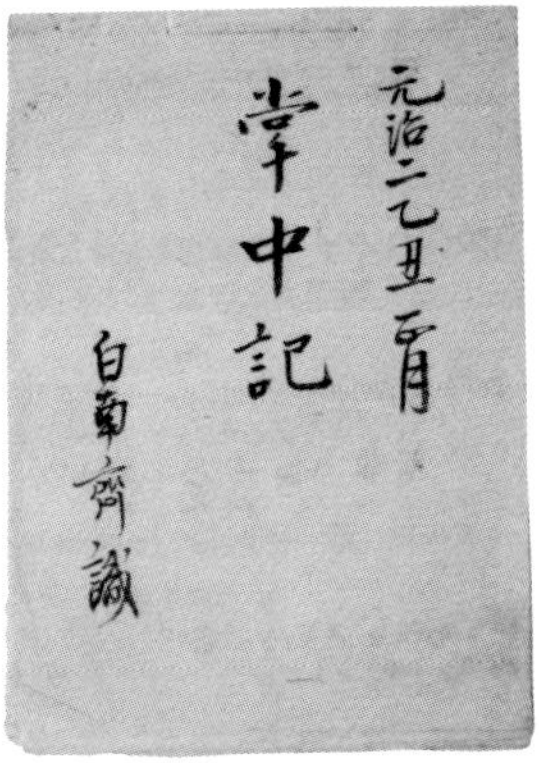

江藤新平「元治二乙丑正月・掌中記」
佐賀城本丸歴史館蔵

第三章　雄飛——維新政府への出仕

上京

慶応三年（一八六七）十一月の大政奉還、そして十二月の王政復古の大号令と、めまぐるしく政局は展開し、わが国は新しい時代を迎えた。中央政局の影響は佐賀にも及び、江藤の境遇に大きな変化をもたらした。

従来、江藤はこのあとすぐ藩命によって佐賀を離れ、遅くとも年末年始には京都に着いたとされてきた（『江藤南白』など）。しかし近年、江藤自筆の「慶応四辰春・掌中記」によって、経緯が明らかとなった。江藤は、十二月二十九日に内達があり、翌日正式に「郡目付役」に任じられ、朝廷から京都警護のため上京を命じられた藩主鍋島直大（なべしまなおひろ）の随員の一人に抜擢された。今や新政府の中心人物となった三条実美や木戸孝允などへ繋がる江藤の人脈に期待してのことであろう。

佐賀を出発する一月七日、江藤の許には、大木喬任、楠田英世、石井龍右衛門、徳久幸次郎、中嶋彦九郎、坂部晋三郎、島義勇、坂田源之助、福地六郎右衛門、副島藤七といった義祭同盟の仲間が送別にやってきた。これまで共に学び共に活

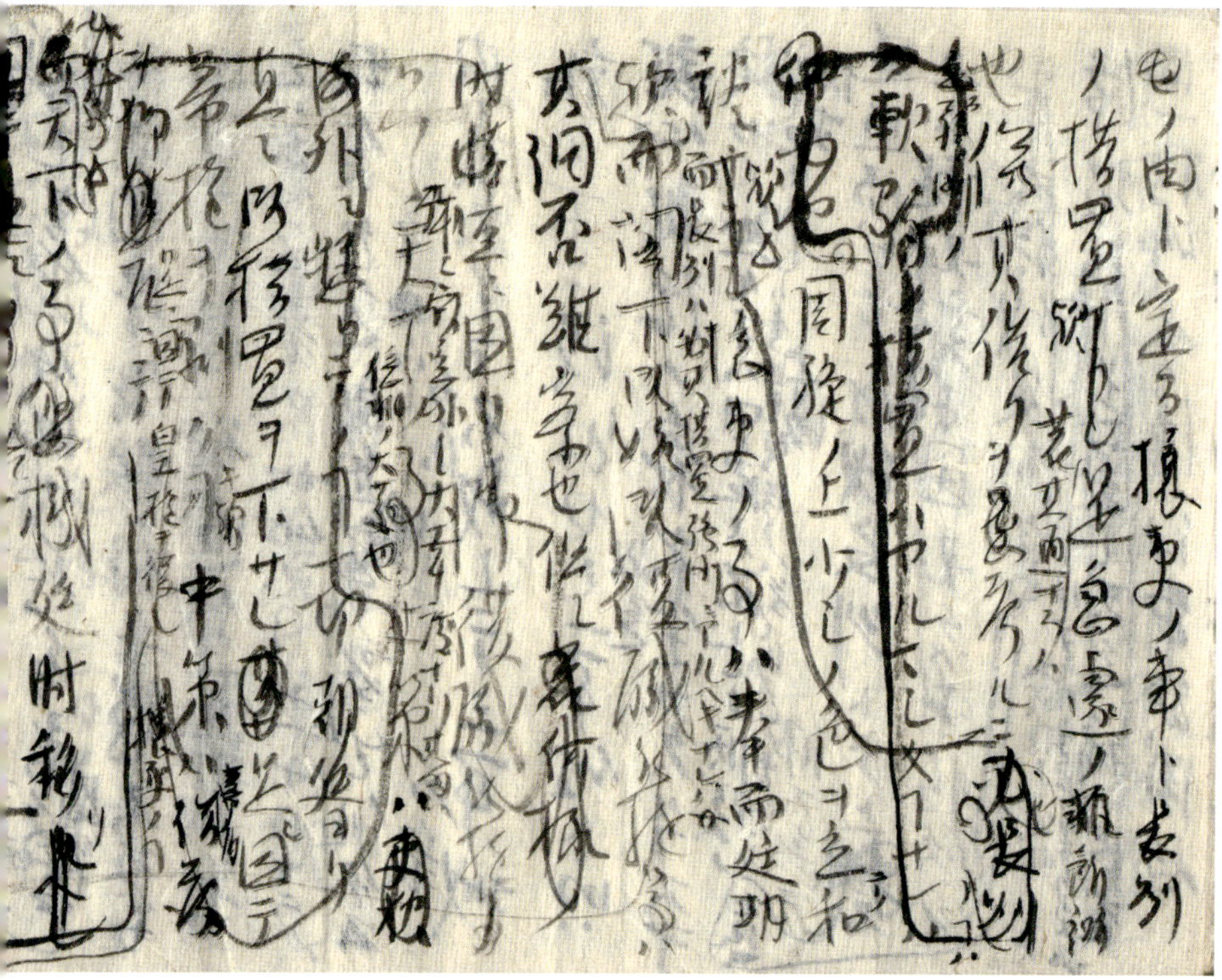

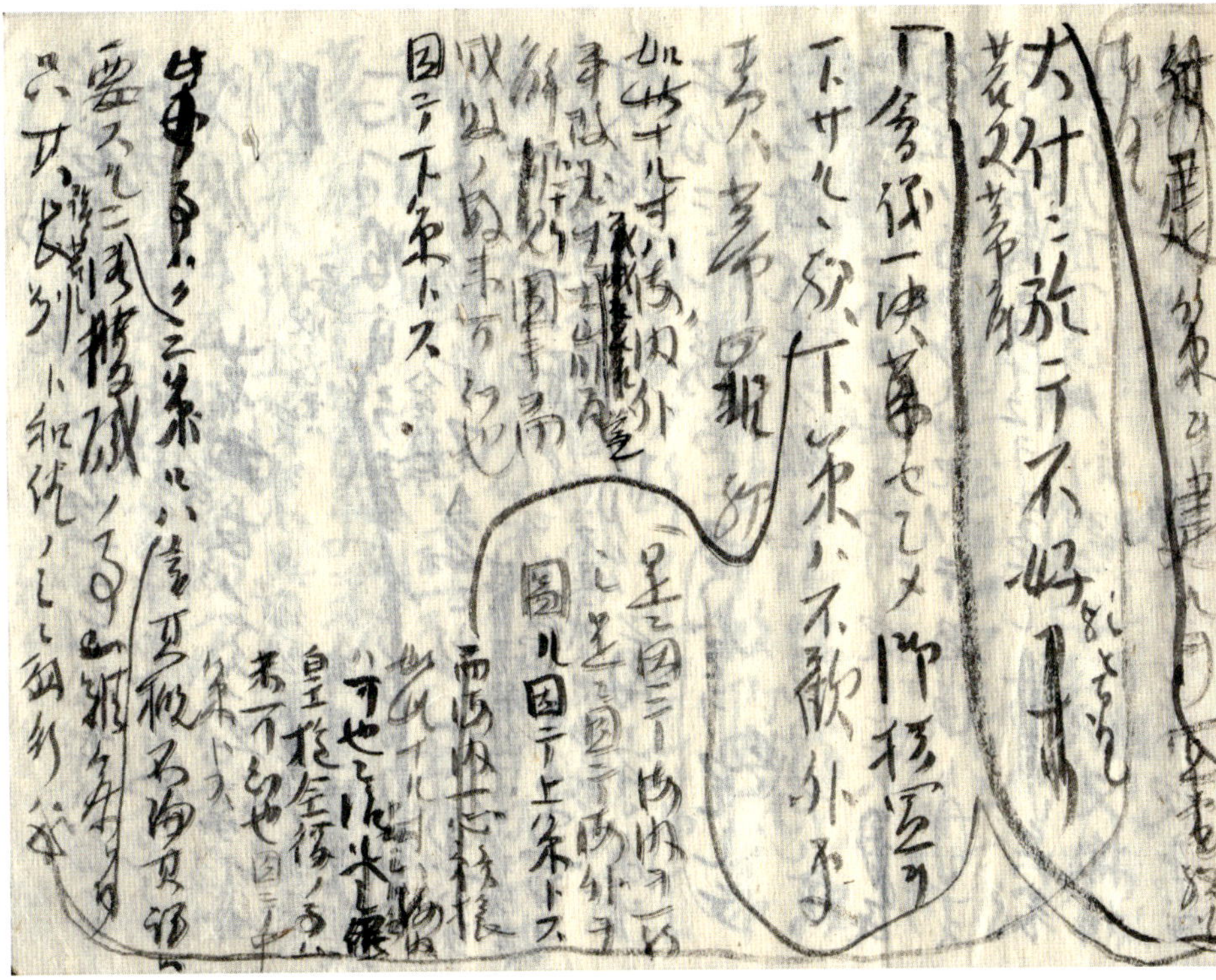

江藤新平「元治二乙丑正月・掌中記」／同前

動してきただけに、皆、藩主の上京に感慨も一入であったであろう。江藤は八日に伊万里中町の京屋に入り、翌日、皐月丸に乗り込んだ。あとは京都に向けて発帆するばかりであった。

ところがその晩、鳥羽伏見の戦いの勃発を告げる「京師之申」が到来した。さらに長崎からは、奉行が遁走し市中が混乱しているという急報も届いた。藩主の上京は急遽中止となり、代わって参政中野数馬が先発隊を率いて上京することになった。江藤は先発隊の一員として甲子丸に乗り移り、十一日に解纜した。当時の交通事情から、江藤ら先発隊の入京は一月十八日前後であったと考えられる。

佐賀藩への嫌疑

中野が率いる先発隊が着京したとき、佐賀藩は非常に厳しい立場に置かれつつあった。鳥羽伏見の戦いが終結した翌日の一月七日、維新政府は小御所において「征討大号令」を宣読し、在京諸侯に対して「明八日辰刻」までに旗幟を明らかにするよう要求した。佐賀京都藩邸は対応を本国に問い合わせたが、藩の議論はまとまらず、むしろ状況確認に努めるという方針に傾きつつあった。そのため京都藩邸は劇的に変化しつづける事態に対処できず、時間だけが無為に過ぎていた。こうした動向によって前藩主直正が徳川家と婚姻関係にあった佐賀藩は旧幕府側に付くのではないかという疑惑を、維新政府内に招くことになった。

京都に到着した中野数馬は、自藩が容易ならざる立場に置かれている状況を本国に報告している。そのなかには、京都藩邸内では「聊も奉幕らしき論談」を

鍋島直大／佐賀城本丸歴史館蔵

しないよう指示を出したとも記されている。肥後藩の木村得太郎から、藩邸に間者が侵入している可能性もあるので注意するように、と忠告を受けたからである（『鍋島家文庫』「京都其外御達事等」）。それほど、佐賀藩には強い猜疑の目が向けられていたのである。

中野らは維新政府首脳に有力な伝てがなく、すぐに対処できなかった。こうした事態を打開したのが、幕末以来、江藤が培ってきた人脈であった。

> 手明鑓江藤新平義、幸い長州桂小五郎其のほか三条殿随従土方楠左衛門など智音少なからず候に付、同人手筋を以て池田文八郎も折々出会、真の報国論にて□を以て御疑を解き候場に心懸け相い成り候通り申し談じ置き、両人とも折角苦心相い成り居り候。

江藤は木戸孝允や土方久元を介して岩倉具視や三条実美ら政府首脳に面会し、佐賀藩が長崎警備の重任を負ってきた経緯と事情を述べ、すぐに藩主が上京できない理由を説いてまわった。ちょうど副島種臣が長崎の現状を中央に報告するため上京したこともあり、佐賀藩への疑いは徐々に晴れていった。その結果、維新政府は佐賀藩に長崎警備と北陸先鋒を命じ、藩主直大を議定に任じた。江藤の藩内における立場は、この一件によって一挙に高まったことは想像に難くない。前章で述べた江藤の幕末期の行動が、思わぬ形で佐賀藩を救うことになったのであった。

明治初期の京都四条近辺／長崎大学附属図書館蔵

江藤から小笠原家へ献じられた小刀
写真提供：高知県立図書館

小笠原唯八
『サムライ古写真帖』（新人物往来社）

関東偵察

江藤はさらに、薩摩・土佐・筑前・久留米など他藩の藩士と積極的に交流し、情報収集に努めていた。当時の「掌中記」には、当時出会ったと思われる人物の名前や耳にした情報が事細かに記されている（「江藤兵部氏所蔵江藤新平関係文書」）。

江藤は慶応四年三月八日早朝、土佐藩士の小笠原唯八（おがさわらただはち）とともに、三条実美から関東偵察を命じられた。上士であった小笠原は、後藤象二郎（ごとうしょうじろう）とともに薩摩藩との関係改善を進めているうちに倒幕思想に傾倒し、板垣退助や中岡慎太郎らと行動を共にするようになった人物である。小笠原はその後、軍監として会津戦争に参加し、同年八月二十五日に戦死した。享年四十。板垣は、江藤と小笠原は「意気投合し、膠漆（こうしつ）も啻（ただ）ならぬ交（まじわり）」を結んでいたと語っている。江藤は後日、小笠原家に脇差一振りを献じている（「小笠原唯八関係資料」）。関東偵察にあたり二人に与えられた具体的な指令は、①東征軍全体の規律、②諸軍間の関係、③東海道の人心向背、④官軍の情勢、⑤旧幕軍の情勢、⑥会津藩等の東北の情勢の調査であった（「小笠原唯八日記」）。いずれも、維新政府が政策方針を決定する上で欠かせないものであった。

江藤と小笠原が江戸に到着したのは三月二十二日である。勝海舟と西郷隆盛の談判によって、江戸城の無血開城が内定していた。彼らは与えられた課題の調査を進め、江戸城の接収の場にも立ち会うこととした。征討軍による接収が行われ

大久保利通／国立国会図書館ＨＰ

た四月十一日、江藤は西郷や海江田信義とともに幕府の評定所に赴いて重要書類の接収に努めたといわれている。東征軍の軍監であった渡辺清は後年、

　新平が江戸に着するや、直ちに町奉行所に踏込んで、其の書類を悉（ことごと）く取り纏めた。此のことに付ては誰れも気が注（つ）かぬのである。維新後に至って、皆な其の書類を基にしてやったことが余程ある。其の後に至って、大蔵省でも民部省でも、布告を発することに付き、参考となりて益を得たること少なからざることである。是れは江藤の功であると思います。

と語っている。まさに前漢の蕭何（しょうか）を髣髴させるエピソードである。江藤が翌明治二年十一月に大久保利通に送った書翰に、「諸国の絵図、扨又（さてまた）図高帳、郷帳、租税両帳、刑法、書類など散乱致し候を取集め」とあり、江藤が注目したのは税制や刑法関連の書類であったことがわかる。まさに「治国の要官は会計刑法の両官」とする政治観を持つ江藤ならではの行動であったといえよう。

　江戸城接収が滞りなく終わった一方で、思わぬ混乱も生じていた。榎本武揚（えのもとたけあき）が品川沖に停泊する軍艦の引き渡しを拒否し館山港に向けて出航し、歩兵奉行の大（おお）鳥圭介（とりけいすけ）や撤兵頭の福田八郎右衛門は部下を率いて江戸を離れた。江戸と関八州近辺を掌握し人心の安定を図ることは、維新政府の喫緊の課題となった。江藤と小笠原は四月十二日に江戸を出立し、二十日に着坂して直ちに三条に面会、着府以降の経緯と関東近辺の現状を報告した。こうして江藤らは、関東偵察という大任を無事務め上げたのであった。

東京奠都の議

慶応四年閏四月一日、江藤は大木喬任と連名で、「東京奠都（てんと）の議」を提出した。少し時間を遡って、建議提出の政治的背景をみてみよう。

参与兼内国事務掛の大久保利通が一月二十三日、大坂遷都の建議を提出した。「朝廷因循の腐臭」の一掃を目的とする遷都案は、公家や国学者らからの反対を受け否決されてしまう。そこで岩倉や大久保たちは、東征を名目に天皇の大坂行幸を実現させ、制度改革を断行し、そのまま遷都へと事を運ぼうと考えた。こうして大坂行幸、政体書の公布などを実施したものの、遷都反対論の根強さと関東の情勢変化によって、京都への還幸を余儀なくされた。政府は、当時抱えていた課題解決の方向性を「衆議公論」で決定するとし、四月二十五日に親王、三職、公卿、在京諸侯、各藩貢士に対して、見込書を提出するよう達を出したのであった。

江藤はこのとき、「諸藩士及草莽」から抜擢された徴士でもなく、また「諸藩主の選」による貢士でもなかった。したがって達に応ずる立場にはなかったので佐賀藩貢士であった大木と連名で、意見書を提出しようと考えたのであろう。江藤は関東の形勢を大木に説明し、連名による提出で合意した。さらに直正の同意をも得て「佐賀藩論」というかたちで提出したという。

大木は既に一度、江戸を東京とし京都と大坂を西京とする両京論を趣旨とする

戊辰戦争時に江藤が使用した袖章（右）、旗（左）／佐賀城本丸歴史館蔵（撮影：和田不二男）

同陣笠／佐賀城本丸歴史館蔵

岩倉具視／佐賀城本丸歴史館蔵

建言書を三条に提出していた（重松優『大木喬任』）。大木のこの建言と比較すると、「東京奠都の議」は、大木案に江藤が関東偵察で得た最新の情報を加味し、大幅に加筆修正して作成されたものであることがよくわかる。書き加えられたのは、関東以東への対策である。とにかく迅速かつ条理に基づいて処分を行なうことを旨とし、徳川慶喜の処分は「上下院の公議」によって定め、失職者の救助として徳川旗下を直参（じきさん）とすることを布告する。そして「人気安堵（じんきあんど）」の上、速やかに天皇が東幸すれば、自ずと「東方の大定」は達せられるとしている。そして大木案と同様に、江戸城は「東京」と改称して「東方御経営の御基礎の場」と定め、「鉄路」を敷設して天皇が「東西両京の間」を行き来するようにすべきだとしている。維新政府が当時抱えていた懸案事項に対する解決策としては、時宜に適った内容であった。

徴士任命

「東京奠都の議」は、従来いわれているように、政府の政策決定に多大な影響を与えた。閏四月六日以降、京都で行なわれた大会議においても参考資料として用いられていたらしく、閏四月七日付の岩倉宛大久保書翰に、「徳川移封の儀、尚又今日江東（ママ）の建言に基き勘考仕り候」とある。しかし結局、政府で内定したのは、三条を関東大監察使として派遣すること、徳川家の禄高は百万か百五十万石とすること（移封先は未定）ということのみであった。この間、大木が閏四月四日に徴士兼参与となり、江藤は五日に徴士兼軍監に任ぜられている。これ以降彼らは、

後藤象二郎／佐賀城本丸歴史館蔵

佐賀藩士ではなく、朝臣として朝議に参画することになる。

江藤の人事を発案したのは、木戸孝允である。『木戸孝允日記』慶応四年閏四月三日条に「小笠原唯八、肥前人江東新平徴士命ぜられ、大惣督府に属し軍監に仰せ付け候儀、岩卿へ言上し相決す」とある。二人が江戸および関東の状況を知悉していたからであろう。

そもそも木戸は、人材登用にはきわめて慎重な姿勢であった。木戸が岩倉に江藤と小笠原を推挙した翌日、後藤象二郎が木戸を訪ねている。後藤は積極的な「抜擢」を持論としており、この日も木戸に力説している。これに対して木戸は、次にように反駁している。

余常に云う、人を得難し。一旦人を挙げて又た俄（にわか）に之れを退く、政事に於て甚だ害あり、故に容易に人を抜擢するを恐る。抜擢するときは必ず全て任ぜずんば其の益なし。其の人有りて抜擢するは元より公論なり、故に能く其の人を知て抜擢するは可なり。然らざるときは却て国家の大害を残す。其の人を得るに尤も専要を論ず。

したがって木戸が推挙したのは、彼が江藤の人となりを知り、その才覚を評価していたからにほかならない。こうして江藤は、関東大監察使に任じられた三条の随員の一人として、閏四月二十四日に江戸城に入城した。当初は嫌疑の目を向けられていた佐賀藩も、次第に「肥前には大憤発、大兵を出し、全く挙国御奉公の事に候」と言われるほど、政府内における立場は一変しつつあった。

江戸の「民心安堵」

上野戦争後の五月十九日、江戸の民政を与る行政機関として、江戸鎮台が創設された。そして社寺・市政・民政の三裁判所を設け、旧幕府の行政事務を引き継いだ。江藤は江戸鎮台判事として、江戸および関八州の民政に全精力を傾けていく。維新政府の今後は、この地域の「民心安堵」の成否にかかっていると考えていたからである。そのため三条に、「医の急病に臨み姑息法を用る」ように、まずは関東東北の掌握と治安回復を優先させ、徐々に「善政美法」を実施していくべきであると進言している。江藤が考える民政の基本方針は、「富を先にするの目的」ではなく、「貧を先にするの目的」であった。具体的な政策として立案されたのが「東京弊害七箇条」で、高利貸への規制や「乞食非民」への職斡旋、棚賃や米価対策、防災など、さまざまな観点から都市貧民の根絶に向けた施策を提言している（毛利敏彦『江藤新平』）。

また組織が拡大し事務が広範に亙るにつれて、多くの人手が必要となる。しかし当時の政府組織は、太政官、征東総督府、江戸鎮台（のちに鎮将府）がそれぞれ独自の官制を持ち、「宛（あたか）も東西に三個の主権者を鼎立するの観」があった。そこで江藤は、関東の事情に精通している旧幕臣を次々と登用した。旗本以下「職業を失ひ居候者」の救済措置にもなるからであった。政府内に蔓延する旧幕府への仇視から、反対する声もあったが、江藤は、

江藤新平（大総督府監察副使時）／佐賀城本丸歴史館蔵

孔子曰、人にして不仁なる、之れを悪むこと甚しきは則ち乱なり、誠なる哉言也。廟堂の義徳川の遺民を処分甚しくは之れ無き哉と甚だ苦心仕り候。只々思う所は秀衡の政に依ると申す義、只だ其の表面を解して、其の裏面を解する人之れ無きこと遺憾にて御座候。(「大木喬任関係文書」慶応四年八月十六日付北島秀朝宛江藤書翰)。

とあまり意に介していない。優秀な人物を登用すべきという「招才」は、江藤の従来の主張でもあった。しかし彼らの事務能力や適性は玉石混交であったので、事務処理の能率と適切を確保するために、江藤は監察官を創設しチェックさせることを提言している(「監察官を設くるの議」)。行政への監察という観点は、江藤が訴えつづけたことである。

そして「人心」の安定には、一日でも早く明治天皇の東幸を実現すべきであると切望した。東幸の実施は八月四日に布告されたが、政府内の反対勢力が強く、実現する目処がなかなか立たなかった。江藤は九月九日、京都に派遣された大久保に「東京御幸遅延を諫める の表」を託すとともに、京都にいる大木に政府内の周旋を依頼している。大久保の着京後、東幸出発の日取りは正式に決定し、明治天皇は十月十三日に江戸城に入城した。翌日、江藤は白絹などを拝賜している。

江藤は、「民心安堵」のため、さまざまな政策を立案し提言していたが、これらを推進するためには、とりもなおさず膨大な財源が必要であった。しかし維新政府は、慢性的な資金不足に苦しんでいたので、江藤は「至急の会計方金策」にも取り組まなければならなかった。

財政の混乱

維新直後から政府の財政を牽引したのは、越前藩士の三岡八郎である。のちに由利公正（ゆりきみまさ）と改名し、江藤や副島種臣らとともに、民撰議院設立建白書に署名した人物である（本書では「由利公正」で統一する）。彼が行なった経済政策は、「由利財政」と称され、主に三つの方策からなっていた。①会計基立金の募集、②太政官札（以下、金札）の発行、③旧貨の鋳造・改鋳、である。

まず政府には基礎財源がなかったため、主に畿内の商人らから三百万両の国債を強制的に募集し、会計基立金に充てた。その後も幾度か募集を重ね、軍事費などの諸経費を捻出した。そして不兌換紙幣である太政官札を発行し、貸付と収税を兼ねた勧業機関の商法司を創設し、殖産政策を進めようとした。しかし臨時費は嵩む一方なので、即効的な対策が必要となった。そこで由利は、旧幕府の貨幣制度を一時的に踏襲し、金銀銅銭の鋳造・改鋳を引き続き行ない、財源を確保しようとしていた。

京都の太政官が資金繰りに苦しんでいたのであるから、出張機関にあたる大総督府・江戸鎮台も軍事行動や関東周辺の民政を進めたいが、著しい資金難で苦しんでいた。当初は、太政官から毎月二十万両を回送するはずであったが、結局一度しか実施されなかった。そのため江藤も資金調達に奔走していた。中村庄助、池田庄三郎、伊東八兵衛、大黒屋六兵衛、佐久間弥太吉（長敬）らの協力を得て、一旦は十万両余を調達したが、六月末には底を突いてしまった。まさに焼け石に水の状態であった（「三条家文書」明治二年十一月二十六日付大久保宛書翰）。

もはや京都を当てにできない三条や大久保ら鎮将府首脳（七月十七日、江戸鎮台から改編）は、自前の財源を確保すべく手を打つこととした。江戸にあった金銀銭三座の職人や機材を大坂に移送するのを阻止し、自分たちで旧貨鋳造を行なうというものである。七月二十四日早朝、鎮将府による金銀座の接収が執行された（西脇康「明治新政府の金座接収と金座の終焉」）。この件に関する現場の総責任者は、鎮将府会計局判事の江藤であった。

江藤は六月八日に鎮台府判事に再任された際、民政・営繕・会計を分掌することになっている。江藤新平関係文書には、貨幣や金座などに関する書翰や書類が多数残されており、江藤はかなり綿密な現地調査を行ない会計対策を講じていたことが知られる。京都の岩倉が江戸の三条に宛てた書翰中に、「唯だ御配慮願い候は着御の上会計方、何とか御都合相い成り申すべき哉。江東(ママ)新平心算も之れ有り伝承、兎も角呉々(くれぐれ)御配慮願い上げ候」とある（「三条家文書」慶応四年七月二十一日付）。残念ながら、この「心算」の実態を知る手掛かりは今のところ見当たらないが、金銀座接収もその一つではあったと考えられる。金銀座を接収した鎮将府は早速、旧貨の鋳造に取り掛かろうとしたが、重大な問題が発覚した。

新しい貨幣構想

江戸幕府は幕末期に、貨幣の金銀含有率を引き下げる改鋳を幾度か行なっている。市場にある古金の品位を落とすことによって生ずる出目（改鋳利益）を獲得することが目的であった。幕府はこれを利用して財政難を解決していたのである。由利が踏襲しようとした旧幕府以来の改鋳政策は、まさにこの改悪ともいうべき方法であった（西脇康「明治新政府の金座接収と金座の終焉」）。

金銀座の接収が実施された当日、貨幣司判事の上原十助が罷免された上で捕縛されている。江戸の金銀座の運営に不可解な点が見られたからである。実態を調べると、想像以上に酷い有様が発覚した。江戸の銀座では当時、横浜の外国人らが所持する洋銀を、日本の貨幣に改鋳するため大量に預かっていた。しかし上原らは、そのままの品質で改鋳するのではなく、「亜銀唐銀」を混合して品位を落とし鋳造していた（「池田庄三郎報告書」）。さらに上原らは、そこで生じた出目を全て懐に入れ、様々な私曲を働いていたのである。単なる職務違反に留まらず、国際問題にも発展しかねない重大な問題であった。すぐにその他の関係者も取り調べてみると、これ以外の不正も次々と露見した。

江藤新平関係文書には、評定所留役与頭の坂本三郎からの取調報告や伺いがあり、江藤がこの一件の事務一切を統括していたようである。もはや真相糾明のためには、上原らの上司である長岡右京（ながおかうきょう）の取り調べがどうしても必要であるという段階に至った。江藤は長岡の江戸への護送を大久保利通に要請した。大久保は了

由利公正／長崎大学附属図書館蔵

承し、京都の木戸孝允に速やかに手配するよう依頼した。なお三条も岩倉に同様の依頼を行なっている。しかし長岡の上司である由利が強硬に反対し、冤罪であると強弁した。由利に旧幕府以来の改鋳政策を進言し、その実務を担当していたのが、元金座職人の長岡であった。由利の強硬な姿勢は、大久保が「西東齟齬」となりかねないと憂慮せざるをえない事態にまで発展した。

この長岡右京一件の決着は、翌年まで持ち越された。長岡は明治二年二月十七日に捕縛され、同じ日、由利は会計・大坂府知事御用取扱、治河掛、造幣掛の官職を解かれている。『子爵由利公正伝』では、解任の理由の一つに「長岡右京の不正行為」を挙げている。由利が実際に不正に関与していたのかは不明であるが、一連の騒動によって政府内に重大な亀裂を生み出してしまったのである。さらに由利が推進しようとした改鋳政策は、これで完全に否定されたのであった。維新政府には新たな貨幣政策が必要となった。

ところで江藤は、江戸幕府が行なっていた貨幣政策の実情を熟知していた。というのも「江戸時代貨幣史関係の文献としては、逸することのできない」と評価されている『官府拾遺経済策』を精読していたからである。この写本である『金銀考』が国立国会図書館に現存する。元の持ち主は大木喬任である。幕末、京都に遊学した副島種臣が筆者の横田源七から借りて謄写し、さらに大木が借り受けて筆写していた。江藤が大木に借りたときの書翰があり、「御蔭熟覧浅からず御礼申し上げ候」と記されている。したがって金銀座が接収されたときには、江藤は従来の貨幣政策は改善すべきであると考えていたらしく、新しい貨幣構想をも抱いていた。

只々近来海外に通用せざる方形質悪の幣を、上国又は当府にても製造、万億兆民の塗炭を思いて夜睡れず。只々願うところは、一金坑を掘り出して、宇内同様円形の幣を造り度き事のみ。（九月九日付大木喬任宛書翰）

わが国が円形通貨「円」を発行したのは明治四年であり、その背景に大隈重信の功績があったことは周知の通りである。大隈が指を丸めて「こうすれば誰でもお金と分かる」と話したという逸話もある。それだけに、同郷の江藤が明治元年の段階で、円形通貨の発行を構想していたことは非常に興味深い。また「海外に通用せざる方形」「宇内同様」と、万国共通を理由に挙げているのも、江藤の合理的な思考をよく象徴している。

由利公正の官制改革

明治元年九月になると、東京府および関東周辺においても、殖産振興を目的とする金札の通用が検討されはじめたが、なかなか実現しなかった。『江藤南白』には、「東京府の江藤新平と英国公使パークスとの抗議」が原因とされている。由利本人の後日談によると、由利は東京に到着するや否や、江藤と金札通用の是非をめぐって徹底的に討論したという。討論を続けて八日目の朝、論破された江藤がやってこなかったため、金札通用の開始が決定した、と（三岡丈夫編纂『由

五代友厚／国立国会図書館ＨＰ

陸奥宗光／同右

利公正伝』）。

いわゆる「由利江藤金札論争」という逸話であるが、史実から言うと非常に疑わしい。従来、由利が十月二十日に東京に到着したとされていたが、大木が十一月二十日に江藤に送った書翰（佐賀県立博物館蔵）に「三岡八郎、昨夜着し仕り候由にて御座候」とあるように、由利が実際に着京したのは十一月十九日である。その数日後には金札通用の準備が開始されているので、由利が到着する前にほぼ既定路線となっていた。では由利は後年、なぜ江藤との対立を殊更に強調したのであろうか。先述した由利の着京を伝えた大木書翰には、東京府における翌日の会議の議題も記されており、その一つが「東京会計合并之事」となっている。実は、これこそが由利と江藤が鋭く対立した問題であった。

由利は明治元年九月末頃から、財政に関する官制の再編を提唱しはじめている。会計官の業務を「会計」と「民事」の二つの観点で再整理し、前者の「貨幣」「出納」に関する事務機関は中央の会計官に置き、後者の事務機関は地方の府県に所属させるというものである。ただし中央の会計官が「民事」の全体的な方針を決定し、地方はそれに沿って事務を行なう。地方による貨幣政策への介入を防ぎ、中央の指導による民政の統一化を図ることが、狙いであったと考えられる。

この官制改革は京都府でまず実施されたが、大坂府では大紛糾が生じた。五代友厚や陸奥宗光など、由利財政そのものを批判する者が多くいたことも一因であるが、しかしそれ以上に、人事権などの権限の曖昧さ、出納事務の非効率性などが問題視され、改革案自体への批判が強かったからである。それでも紆余曲折を

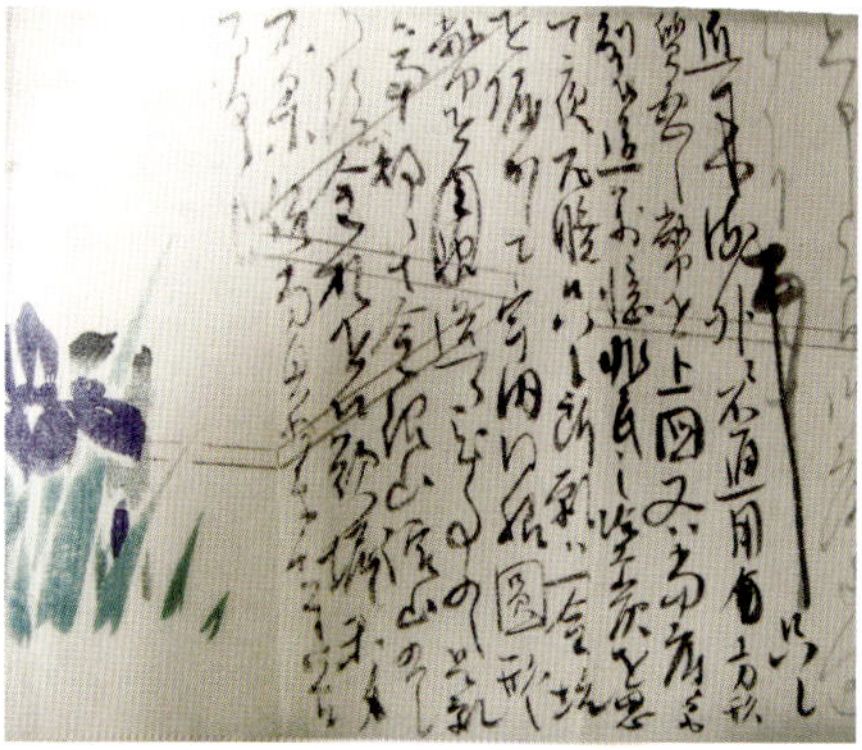

江藤新平：明治元年九月九日付大木喬任宛書翰（部分）／国立国会図書館憲政資料室蔵

経て、由利と大坂府知事の後藤象二郎との間で実施の合意は成立したが、すぐに破綻している。由利の改革案はさまざまな問題を抱えていたのである。しかし彼は東京府でもこの官制改革を実施しようとしたのであった。

由利公正の改革に対する反論

江藤は当時、会計官判事兼東京府判事であった。東京に置かれていた鎮将府は十月十八日に廃止され、その附属機関は行政官に移管された。江藤が属していた鎮将府会計局も太政官会計官に併合され、会計官東京出張所と改称された。江藤が東京府判事を兼任することになった背景には、東京府知事になった大木喬任の意向があった。大木が就任を打診されたさい、岩倉に「右の件々御許し之れ無く候はば目的御座無きに付、餘人に仰せ付けられたし」として幾つかの条件を提示している。その一つが、江藤に東京府の職を兼任させることであった。江藤は東京の事情に精通しているし、何よりも大木にとって気心の知れた盟友であったことも大きな要因であろう。江藤は山積する案件の対応に追われる日々を送っていた。そんな折に、由利の官制改革案が急浮上してきたのであった。

江藤はこの改革案にどうしても賛同できなかった。二十一日の東京府における会議では、おそらく江藤と由利の間で相当激しい論議が為されたと思われる。午前八時頃から十二時間近く開かれたが、結論には至らなかった。江藤は二十四日の会議を頭痛のため欠席したが、『江藤南白』に「東京府へ会計官併合云々」として掲載されている意見書を提出した。佐賀県立佐賀城本丸歴史館蔵『江藤家文

明治初期の東京府／長崎大学附属図書館蔵

書』にある草案の冒頭には「過日三岡参与より」と記されており、由利の改革案に対する反駁書であることは明瞭である。

江藤が批判した理由は行政事務の観点からで、一つの職掌を複数の部局が個々に担当するため、政治責任の所在が曖昧になる点にあった。そうなると第一に、担当者の優劣の判断材料がなくなり、政府内の人材が「玉石混合」の状態になる。第二に、政策全体の統制が図りにくくなり、「理財中正の道」が保持できなくなる。そして第三に、「莫大の入費」が必要な「非常の変」が生じた際に、迅速な対応を行なうことが困難になる。

そして江藤は、国制上の観点からも批判している。「治国の要官」は「会計」「刑法」であって、その「行運」「監督」の権限は政治機構の「枢機」が担うのが通例であると主張している。たとえば、江戸幕府では「三奉行」と「老中若年寄大小監察」が、イギリスやアメリカでは「宰相」と「議院」が、それぞれの役割を担当していたと説明している。ここで財政と司法を「治国の要官」として挙げているのは、江藤の経歴を考えると、非常に興味深い。また江藤は議会を「監督」機関と位置付けている。のちの官制草案では、民選による下議院には、予算・決算審議権や「租税を立る権」を付与しようとしている。これも江藤の国家構想の根幹の一つであり、その萌芽は既にこのころに見られる。

なおこの反駁書に「会計運動の目的に到りては別に愚存御座候」とあるのは、おそらく毛利敏彦が紹介した、国家財政制度の確立と規律化を訴えた「政府急務十五条」のことであろう。内容は、①国家財政の方針を正すべきこと、②課税の

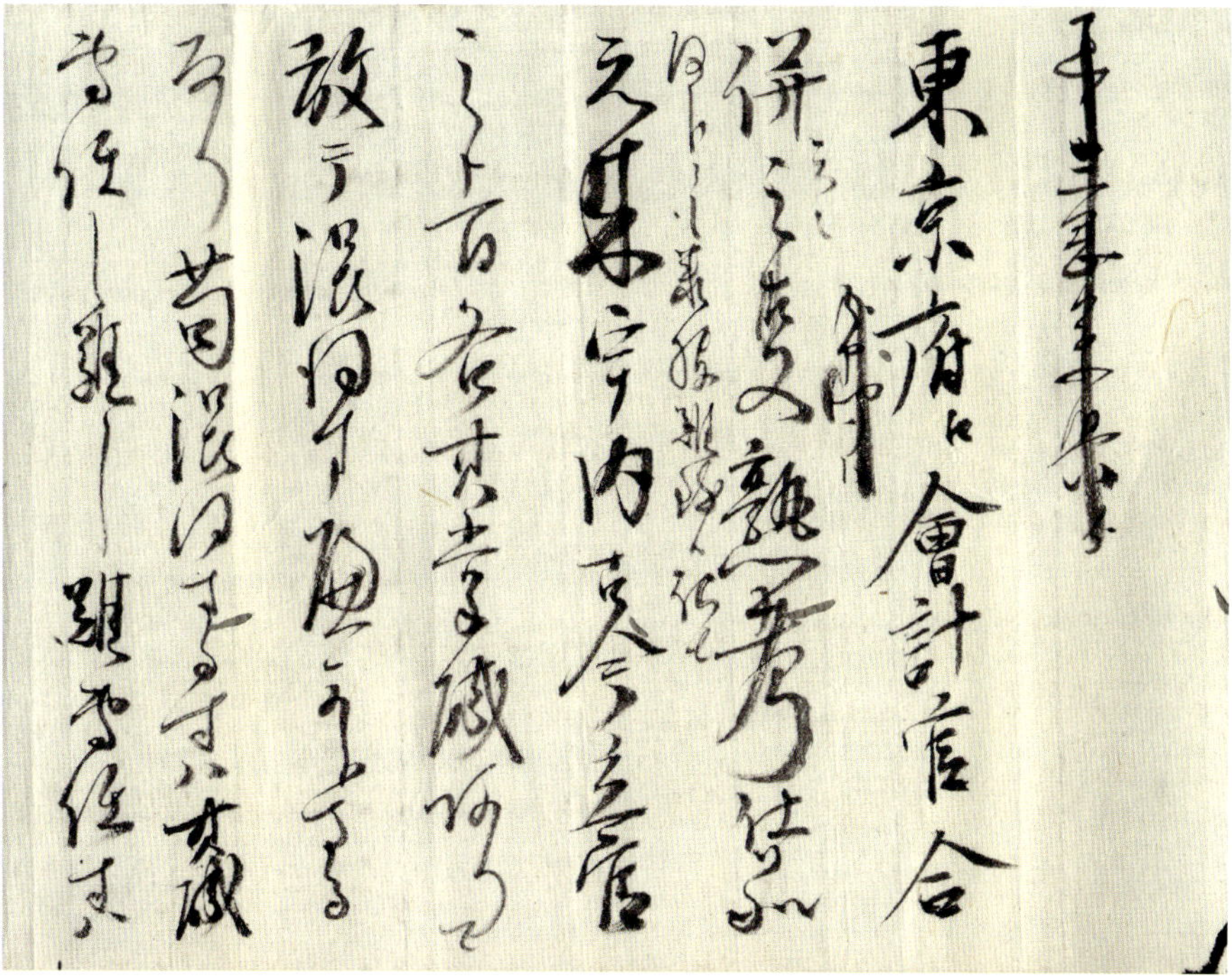

江藤新平：意見書草案（部分） 冒頭に「過日三岡参与より」と記された上で削除されている
佐賀城本丸歴史館蔵

公平性を確保すべきこと、③国家財政の実態を公開すべきこと等々である。江藤は政府首脳に、由利案の非を訴えるだけではなく、自身の構想をも披瀝していたのである。

こうした反駁書や建言書がその後の政策決定にどのような影響を与えたのか、はっきりしない。ただ江藤が欠席した十一月二十五日の大評議では、今後の「全国大会計の基礎」に関する取り調べの担当は、由利ではなく木戸となっている。この決定は、当時の政府首脳が由利財政をどう評価していたのかを、如実に物語っていよう。これ以降、由利の政府内における立場は急速に落ち、翌年三月一日に失意のうちに故郷越前への途に就いたのであった。

維新政府にとって、新たな財政方針の確立は急務の課題になった。江藤は当時の官職上、引き続き財政および東京民政を担当しており、あるいは由利に代わってその中心的な役割を果たした可能性もあった。こうして一年という月日を経て、江藤は政府内でそれなりの政治的地位を確立していたのである。

佐賀藩政改革

江藤は急遽命じられて、明治二年一月二十七日に京都に移動した。約九ヶ月ぶりに見る京都の風景に、江藤は隔世の感を覚えたに違いない。到着以降、江藤は岩倉具視から幾度となく諮問を受けている。岩倉は、江藤の東京における民政・財政の対応を見て、その政策立案、実務能力を高く評価していたようである。明治二年二月三日付の答申書、彰義隊一件以降の東京の状況を報告した意見書、大阪における商業政策に関する意見書などである。このうち「答申書」を見てみると、①太政官の設置場所、②人心を収攬する方法、③富国強兵の方策、④下院制度、⑤外国交際の規則、⑥行政議政両官の権限、⑦強富への手段、⑧海外通商、且兵制論、⑨官制の潤色、⑩公卿の処置、⑪物産興隆と器機技術の精練、⑫貨幣制度、⑬刑法、⑭即今の議事院論、など多様な問題に対する江藤の見込みが記されている。岩倉の江藤に対する評価が自ずと知られよう。政府中枢の政策立案にも関与しうる立場を得ていたのである。江藤はこのあと再び東京に戻って、大木府知事らとともに民政に尽力するつもりであった。しかしそれは適わなかった。

佐賀では当時、抜本的な藩政改革を求める声が急速に高まっていた。鍋島直大ら藩首脳は当初、大木を帰藩させて藩政改革に当たらせようと考えていた。しかし大木の評判が「書生」たちの間では非常に悪く、これを断念した。「書生」たちが求めたのは、副島種臣の帰藩であった。こうした状況を聞いた鍋島直正は、自分も帰藩することとし、維新政府に帰国ならびに副島拝借願いを申請した。政府は二月二十日、四月中旬迄の再上京を条件にこれらを許可した。『鍋島直正公伝』には、直正は「藩政は士民に直接し、生活の細故に渉(わた)るが故に、能(よ)く大礼を失はずして之を処理する敏活の手腕」が必要と考え、京都にいた江藤を連れて帰佐することを決めたとある。しかし直正の政府への申請に江藤の名はない。直正は急遽思い立ったのであろう。

すぐにでも東京に戻ろうと考えていた江藤にとっては、予想外のことであった。自分のような者が、先輩格の副島と相並んで藩政改革を担当するのは「不相当」

鍋島直正像／公益財団法人鍋島報效会蔵

であると、直正に「彼是と御辞退」を申し出たが全く聞き入られなかったことを、江藤は大木に伝えている（明治二年二月二十二日付大木宛書翰）。江藤が二十一日に提出した帰国願は、母親が「旧冬より大病」であるという個人的理由から、「日数五十日」の暇を願い出るという内容になっている。出発の時間が差し迫っていたためであろうか。その二日後、江藤は慌ただしく京都を離れ、三月一日に直正や副島らと佐賀に到着した。

翌日登城した江藤は参政格に任じられ、これ以降、江藤は藩政改革に取り組み、明治二年十月まで佐賀に滞在していたとされている。しかし六月に一度上京している（「大木日記」）。突如、人員削減を理由に、東京府判事兼会計官判事の解任と位階返上を命ずる達が届いたからである。驚いた江藤はすぐに、東京と佐賀を往復するため、三十日の暇願いを藩庁に届け出て、急遽上京したのであった（鍋島家文庫『御意請』）。この上京時の目的は、江藤自身の本意がやはり中央政治、すなわち新しい国家形成の一役を担うことにあったからだと考える。彼は政府首脳を訪ね、自分の希望を懇々と訴えたに違いない。江藤は十一月七日に中弁に任ぜられ、以降、維新政府の要職を歴任し、新たな立場から、明治の国家形成に携わることとなるのである。

第四章　江藤新平と明治国家の形成

立法家・江藤新平

江藤は明治二年（一八六九）十一月七日に中弁に任ぜられた。当初は大弁任命の内達があったが、江藤は固辞したという。弁官の主な職務は各省と傘下の役職の監督で、内外庶務の受付や公務の遅滞や過失の判断などである。したがって多くの事務作業を効率よく、かつ的確に捌くための知識と手腕が必要とされる。この任官の一因は江藤の明治元年における働きぶりにあったのであろう。

これ以降、江藤は政府の要職を歴任する。制度取調専務（明治三年二月）、制度取調御用・文部大輔（明治四年七月）、左院副議長（同年八月）、教部省御用掛（明治五年三月）、司法卿（同年四月）、参議（明治六年四月）。官制改革、法典編纂、教育行政、宗教行政、司法制度改革などなど、実に幅広い分野に亙っており、その能力が如何に重宝がられていたかがうかがえよう。

江藤は司法卿となったとき、司法省使節団を欧州に派遣している。そのなかに、のちに明治憲法や教育勅語などの草案起草を担った井上毅（いのうえこわし）がいた。彼が出発前に送った書翰に、「条約切替へに付ては、西洋立憲の政体に倣ひ、国体を建立する事、廟堂の目標なり」、「新法を創立し、各地裁判所を設置し、（司法が）立法行政二権と並立つは、従前未曾有の事にて改革にはあらず、即ち創業なり」とある。明治期の国家形成は単なる「改革」ではなく、まさに「創業」というべき大事業であった。江藤はその最前線にいたのである。

同時代の大隈重信は江藤を「立法家実務家」と評している。明治の三大記者の一人である徳富蘇峰は、五十六歳から約三十四年かけて執筆した『近世日本国民史』で、江藤について、

> 彼（江藤新平）は大隈の才なく、副島の学なく、大木の智なきも、この三人の企て及ばざる機略の持主であり、且つ蚤とに法度改制に心を用ひ、眼敏手快、当代真に得易からざるの材であつた。若し彼にして生存せしめたらんには、明治憲章の美を済したる勲功は、伊藤博文を待たずして、恐らくは彼に帰したであらう。然も彼は決して縄墨の間に生死する官僚ではなかつた。彼は活動、飛躍的政治家であつた。

と論評している。また明治維新史研究の大家である大久保利謙も、

> 明治初年の政治家のうちで、立法家としてすぐれていたのは江藤新平である。というよりも、立法、制度立案、政府の機構づくりの智恵と手腕となると、こ

江藤新平（司法卿時代）／佐賀城本丸歴史館蔵

の江藤のほかにその右に出るものはなかった。（「江藤新平の「悲劇」」）

と、いずれも政策立案能力を高く評価している。江藤は「政治家」というよりは、「立法家」として、その才能を明治の国家形成において如何なく発揮した。

法典編纂のバトン

義祭同盟のメンバーで、維新政府における制度立案、法典編纂にまず貢献したのは、副島種臣である。慶応四年閏四月に公布された政体書をはじめ、翌年七月の職員令（しきいんれい）の草案作成を担当し、また明治三年十二月に公布された新律綱領（しんりつこうりょう）の主査をも務めている。当時参議であった佐佐木高行が、「薩（摩）は岩公（岩倉具視）に依り、副島は薩に依る有様にて、岩公も大久保（利通）も学問は之れ無く、古例などの義は副島の力を頼む風あり」と述べているほどである。

副島は当時、「皇威を万国に輝」かすためには、国内の「制度文物」を完整しなければならないと考え、自らが先頭に立って、「一大法典」を編纂すべく精力的に取り組んでいた。ところが政務が多端になるにつれて、とりわけ外交問題を専ら担当するようになると、なかなか法典編纂に専念できなくなり、「法律編纂のことを江藤新平氏に依頼し」たという（「副島伯の法典談」『毎日新聞』明治二十五年五月二十六日）。後日談なので信憑性に注意しなければならないが、二人の人間関係や法典編纂事業の流れからすると非常に興味深い内容である。荒木（あらき）博臣（ひろおみ）（霞が関にある「江藤新平君遭難遺址碑」を建立した荒木三男の父）は、既述した新律綱領は、当初中国清代の「清律」に依拠して編纂していたが、江藤の主張によって明代の「明律」に依拠する方針に変わったという逸話も残している。法典編纂のバトンは、副島から江藤へと引き継がれることとなった。江藤の死後は大木喬任へと、やはり義祭同盟の盟友が続いている。佐賀からは多くの司法官僚や法学者を輩出しているが、その背景にはこうした先達がいたのである。

国体構想

江藤は明治三年六月頃、五箇条の御誓文や政体書などを基にして、施政方針に関する意見書を取りまとめるよう岩倉から指示された。岩倉は「建国ノ体ヲ昭明ニシテ施政ノ基礎ヲ確定スルノ議」を政府に提出しようと考えたからである。江藤は十三日に、「建国の体裁」「職官の制」など四十余項目に亘る意見書を提出し、それ以外にも、天皇の大権事項以下十七箇条からなる「法度案」、政体書を若干修正した「政体案」も起草した。江藤以外にも、副島種臣、大久保利通、大木喬任、広沢真臣(ひろさわさねおみ)らが、岩倉に意見書を出している。岩倉が取り纏めて、八月頃に提出したのが十五項目からなる「建国策」である。

江藤の制度立案の特徴として、行法・立法・司法の三権分立がよく指摘される。のちに三条に提出した「政治制度上申案箇条」でも、中央政府だけではなく地方にも「庁所」「裁判所」「議院」を設置するよう提案している。江藤が欧米の政治体制を調査するなかで、「良制」と見たのであろう。ただし江藤は、日本の国体は五権であると考え、行法・立法・司法の外に「教化の権」と「兵馬の権」を位置付ける政治体制を構想していた。明治三年前期頃の草稿には、天皇は「教化の権」「執法の権」「行法の権」「訴獄の権」「兵馬の権」の五権を掌握し、そのうち兵馬の権のみは天皇に、教化の権は神祇官に、立法・行法・訴獄の三権は太政官に分付すると記されている。

「教化の権」を三権と分けていたのは、江藤が法と教化に異なる役割を考えていたからである。江藤は、法と教化との関係を軍隊になぞらえて説明している。軍陣・軍規を法律に、将帥士官による戦略・戦術の習練を教化に相当させ、法律は節制の具、教化は習練の道であると述べている。他にも、二つの関係を人体になぞらえて、法は筋骨、教化は血脈であると、さらに朱子学の体用論を用いて、法は体、教化は用であるとも説明している（島善髙『律令制から立憲制へ』）。江藤にとっては、法制度の整備と同時に、「教化」の問題も重要であり、神祇行政にも強い関心を持っていた。明治四年に教部省の設置を建議し、翌年三月に江藤が教部省御用掛となったのも、こうした考えが背景にあったからである。

国法会議の設置

岩倉の提出した「建国策」の執筆者は従来、江藤であったとされてきた。しかし近年、大木の執筆であったことが指摘されている（重松優『大木喬任』）。江藤も当初は関わっていたが、属していた太政官制度局の業務が本格化しはじめる。制度局では明治三年六月二十日に、十二の「制度取調名目」が決定し、江藤は民法を担当することになり、準備に追われることとなったのである。

明治２年に虎ノ門付近で襲われたさいに着ていた羽織／佐賀城本丸歴史館蔵（撮影：和田不二男）

それまで、日本には民法に該当するような法典は存在しておらず、民法編纂はまさに「創業」であった。参照されたのは、一八〇四年にフランスで制定された、ナポレオン法典とも称されている民法典である。「一大法典」の編纂を目指していた副島は、既に箕作麟祥（みつくりりんしょう）に翻訳するよう委嘱していた。江藤はその訳本を基に会議を進めようとしたが、従来の法概念とは異なるために翻訳は困難を極めた。「動産」「不動産」「治罪法」「義務相殺」などは、翻訳作業中に箕作によって創作された新語である。箕作の訳本は、のちに『仏蘭西法律書』として刊行され、わが国の法学の発展に多大な功績を残した。

九月十八日、一回目の民法会議が開催された。しかし「議論坌涌（ぎろんふんよう）」、数ヶ月経ても「一も議定に至ることなし」という有様であった。江藤は箕作に「誤訳も妨げず、唯速訳せよ」と命じたともいわれるが、仮に翻訳したとしても法概念を把握するのは難題であった。「民権」の訳語に批判が出て、江藤が「活かさず殺さず、姑（しばら）くこれを置け、他日必ずこれを活用するの時あらん」と仲介したというのは著名な逸話である（穂積陳重（ほづみのぶしげ）『法窓夜話』）。

これと並行して江藤の建議に基づいて、十一月に国法会議が設置されている。民法会議で審議を進めるうちに、国法の確定がなければまとまらない箇条が出てきたことが理由であった（「国法ノ議案」）。『泰西国法論』の影響も考えられる。津田真道（つだまみち）がライデン大学のフィッセリングの講義録を訳出し、刊行したものであるが、江藤はこの本から西洋の政治体制、法体系を理解していた。法体系が国法と民法とに分けて説明されているのを見て、国法制定の必要性を感じ、政府首脳に訴えたのであろう。

ただここでいう国法は、我々が考える憲法とは同一ではない。『泰西国法論』では、国法は「根本律法」「経綸律法」「刑法」「税法」「雑法」に区分されており、江藤もそう理解していた。この内、「根本律法」は「古来国家ノ習俗ニヨリ可行ヲ目的トシテ永世ノ法」と、「経綸律法」は「国内ノ地勢時情ニヨリ区別ヲ建、官ヲ設ケ職ヲ置、或ハ外国交際ノ上ニヨリ億兆ヲ維持保護スルノ方法」と、そして「雑法」は「時勢ノ景況ニヨリ臨時ニ施行」するものと、江藤は解釈している。ただ「根本律法」「経綸律法」も定まった訳語ではなく、津田は理解を助けるためか、さまざまな言葉を当てている。前者だけでも「朝綱」「国憲」「国家経綸」「朝憲」「国判」「政体」などである。江藤も多様な表現を用いているため、江藤の構想がなかなか把握しにくい。そのなかで、江藤が独自に用いている言い回しが「五倫ノ道」である。これは「人臣ノ道」と同意で、天孫降臨以来の由来を記した国体論を意味すると指摘されている(島善髙『律令制から立憲制へ』)。江藤はこれも「根本律法」の一部と考えていたようである。とすれば、この国法会議は制度・法律論に留まらず、国のあり方そのものを検討する大事業であったといえよう。

江藤は「国法ノ議案」を作成し、会議開催の準備を進めた。底本は神田孝平訳『和蘭政典』であるが、新たに書き加えられた議題もある。第一章の「府藩県坊街郡村」「皇族花族士族卒民」「家禄」、第二章の「太政官官員職掌」「諸官省」「府藩県郡邑坊街ノ長官職掌」、第五章の「中裁判所」「小裁判所」「郡裁判所」、第六章の「神道」「儒道」「仏」、第九章の「駅逓」「工部」である。三権分立が採用され、「全国兵馬ノ事」「教法ヲ守ラシムル事」は君権に位置付けられている。

こうして十一月二十七日、天皇親臨の下、三条実美、岩倉具視、木戸孝允、大久保利通、大隈重信、後藤象二郎らが出席して第一回の会議が開催された。長炗（ちょうひかる）の後日談によると、長と江藤が正面に座って議題を説明し、「漢土の制度」「西洋各国の政法」を対照しながら議論し、一つ一つ論定していったという（中島三夫『長三洲』）。こののちも、四回ほど開催されたが、政治的事情によって、そのまま自然消滅してしまった。岩倉、大久保や木戸らが、政権強化のために島津久光（しまづひさみつ）・毛利敬親（もうりたかちか）や西郷隆盛を東京に呼び寄せようと考え、鹿児島・山口に出張したのである。しかしこの会議の議題は、「その後も政府内の制度確立に際しての重要な課題」として認識され、その後の憲法制定の過程に大きな影響を及ぼしたと指摘されている（松尾正人「明治初年の国法会議」）。

ここで薩長土三藩の提携という新たな政治環境が整ったため、明治四年二月に官制改革が再び着手された。大久保を中心に江藤と後藤が立案を担当した。江藤はいくつもの官制案を起こし、これを基に検討が進められ、明治四年四月に「政府規則」が政府に提出された。左右大臣が長を兼ねる神祇官と、左右大臣、准大臣、卿、輔で構成される太政官が規定され、太政官の下に中務省など各省が、他に司法台、上議院代、集議院などが置かれた。また納言参議は廃止されて、省の長である卿がその役割を兼ねることとなっている。

この改正案は行政優位の体裁であるとして異を唱えたのが、木戸であった。納

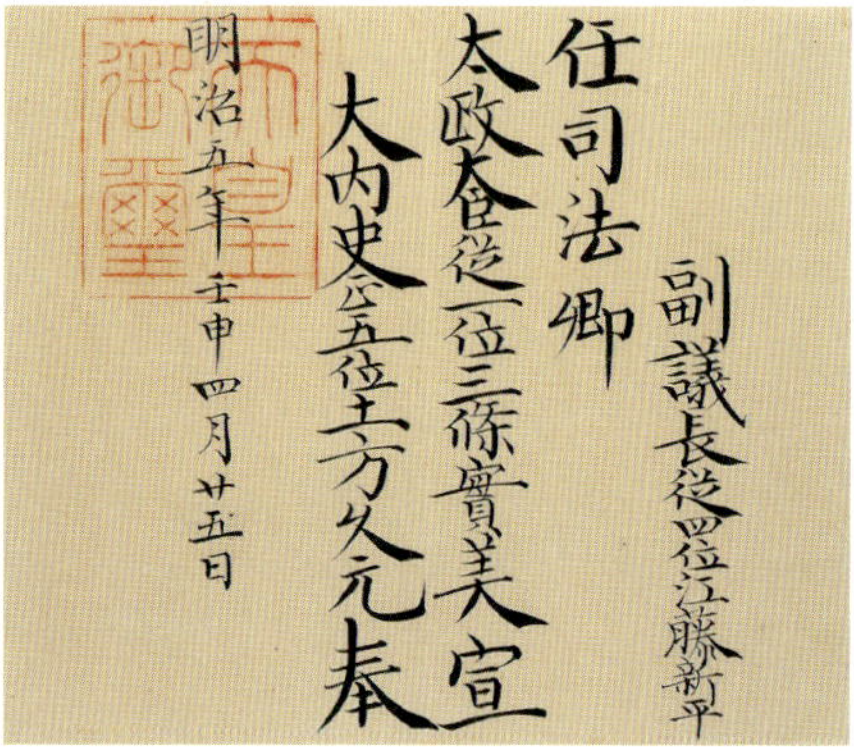

司法卿への宣旨／佐賀県立図書館蔵

言参議は参議官として立法を専任させて、行政と並立すべきであると主張した。江藤は「何故に御延引相い成り候や」と大久保らに抗議したが、政治的事情から方針が一変し、木戸案を基にして、官制改革の再検討が始まった。そして間もなくして廃藩置県が断行され、七月二十九日に太政官三院制が創設された。これまで盛んに論じられてきた官制改革は、ひとまず決着をみたのであった。このときの改正は、木戸の構想を基に、渋沢栄一らが立案した官制案が土台になっている（西川誠「廃藩置県後の太政官制改革」）。江藤が、岩倉や大久保の意向を踏まえて作り上げてきた国家構想は、「政治」によって日の目を見ることはなかったのである。

そこで江藤は、岩倉使節団が出発したあとは、国家機関の整備と法典編纂の完成を通じて、国家構想の実現を図ろうと取り組んでいく。

議会制度の調査

江藤は文部大輔を経て、明治四年八月に左院副議長となった。このとき民法編纂とともに力を入れたのが、議会制度の調査である。明治三、四年に起草した官制草案でも、議会制度はほぼ盛り込まれている。明治三年の「国法草案」に、

一、立法ノ事、此後ノ酉春迄ハ太政官ニテ議定シ、夫迄（それまで）ニ上下両院ヲ建テ、規則ヲ定メ、議員ヲ撰（えら）ビ充テ、酉ノ四月朔日ヨリハ其両院ニテ議セシム。但シ決ハ可在上ナリ。但シ酉春迄上院ハ太政官ニ建テ、刑律ノ未立モノ等ヲ議セ

シメ可議ナリ。

一、行法ノ事、此後ノ酉春迄ハ立法ト同ジク太政官ニテ行フ。其四月朔日ヨリハ両議院ニテ議セシモノ奏問決定ノ上行之ナリ。其時ハ太政官立法ノ評議ハ不得預ナリ。

とあるように、「酉春」つまり明治六年（一八七三）の春までに、上下両院を開設する構想を抱いていた。

江藤の議会制度に関する言及はかなり早い時期からあり、明治元年に出された「監察官を設くるの議」には、「監督討論は議院の権なり」とある。また前章で触れた由利の官制改革案に対する反駁書にも「元来西洋は財用の全権下に在り、故に国中軍政の両費皆な議院の弁ずる所なり」とある。それまでの「御借財」、すなわち会計基立金に充てるために商人などから募集した金銭を「国債」としようとした動きに対する意見である。江藤は議院で審議、承認を得ていない以上、国民負担につながる「国債」ではなく、あくまで「朝廷」が責任を負う「朝債」と称すべきであるとしている。「名分論」を重んずる江藤ならではの意見であろう。さらに明治二年の藩政改革で出された「民政仕組書」には、二百戸を一組合として、そのなかに咾（おとな）を長とする寄合が設けられ、殖産興業や教育などに関する村法の制定、庄屋村役などへの監督、庄屋などの選出の権限が与えられていた。

このように江藤は、「監督」という観点から議会を位置付けようとしていた。先述した『泰西国法論』で、議会の役割は「監視糾問」であると説明されている

高崎正風／国立国会図書館ＨＰ

ので、その影響かもしれない。ただし二院制を採用しているが、今現在の制度とはいささか異なっている。例えば、華族が議員となる上院は「未だ立たざる法律」「海外へ関する大事件」「和戦の大事」などを、「士民」が議員となる下院は「貨幣の大数」「国債の所生所償」などを議定すると、それぞれの役割が異なるのである。理由はよく分からないが、江藤はよく、

> 天下の事務条理一貫して分合明晰なれば、官署多しと雖も、事必ず簡にして壅塞せず。（中略）諸官権力の界限明かならず、付受の条貫一ならざれば、争立抵抗の患已むなし。（中略）承授の序清く号令一に帰し、綱挙り目張る。脈絡貫通、天下の事指掌の如く、煩に似て却て簡なるべし。

という趣旨を述べているので、権限を分けたのかもしれない。

江藤の議会構想は、明治四年の太政官三院制では採用されなかった。そこで議会設置の下準備として、欧州における議会制度の調査に着手する。明治五年一月に西岡逾明・高崎正風・小室信夫ら五名が、議事・立法機関の実態を調査するために、左院からフランスやイギリスなどに派遣された。その成果は、江藤の死後ではあるが、左院の権限強化へとつながった。

司法卿に転任したのちも、江藤は議会制度の調査に関心を寄せていた。明治五年五月十九日に左院が「下議院ヲ設クルノ議」を提出した。その提出前の十五日、左院小議官儀制課長の宮島誠一郎は江藤に下議院関係資料の提供を依頼している。

また、また六月四日には江藤と民撰議院のあり方について論じ合ったらしく、

○民撰議院何等之権力を与ふべき歟、先第一
　下議員は年限中不可揺　一年か二年か其年を可考
　下議長は左院より可遣
　決議は正院に論ずべし
○国議院は諸省の訴訟を聞くの権あるものとす
○下院には租税を立る権あり、上の暴斂を防ぐ為なり

と、江藤の意見を日記に記している。江藤と宮島は憲法構想をめぐって意見が対立したとされているが、たびたび面会し議会制度に関する情報を交換しており、私生活でも交流するようになったらしい。明治六年九月、江藤が向島周辺に別荘を構えようしたさいに、宮島が斡旋仲介をしている。

宮島誠一郎
『宮島詠士――人と芸術』（二玄社）

司法制度の確立

もう一つの国家機関が、司法である。

明治三年閏十月二十六日に提出した『政治制度上申案箇条』で、江藤は刑部省と弾正台を統廃合し、新たに司法台を設置することを提案している。当時、弾正台が刑部省の判決に干渉したり、政治的思想的観点から訴追権を行使したりすることがたびたびあった。江藤自身も明治二年十二月に虎ノ門近くで襲撃され傷を

明治初期の司法省／長崎大学附属図書館蔵

井上馨／港区立港郷土資料館蔵

負ったさい、弾正台の山田信道から士道に悖るとして弾劾されている（「憲政資料室収集文書」）。また東京府以外の地方では、刑事・民事裁判は府藩県の官吏が審判を行なっていた。したがって「刑部も亦た徒名に近し。宜しく釐正改革して法律一に出づるの治」にすべきであるとして、司法台の創設を訴えたのである。明治四年七月に成立した太政官三院制では、この改革案は採用された。

明治四年七月九日、全国の刑事・民事裁判権を統一的に掌握する司法省が新設された。長官である卿は不在で、佐佐木高行が司法大輔、宍戸璣が同少輔となり同省の業務を行なった。しかし佐佐木は「法律家も之れ無く、法律も先ず之れ無き位の事なれば、一朝一夕には行れ申すまじくに付、いずれ逐年を期する」と考えていたため、司法制度の整備はなかなか進展しなかった。次第に省内外から不満の声が上がりはじめ、大蔵省の井上馨、司法省の島本仲道らが動き、明治五年四月二十五日、江藤が初代司法卿に就任したのであった。

江藤は就任してすぐに、なかなか進まなかった司法改革に着手する。まずは方向性と事務内容を明確化するために、事務章程の策定が行なわれ、八月三日に司法職務定制が布達された。江藤の考える司法の役割は、五月二十二日に出された「司法省誓約」に端的に表われている。

一、方正廉直にして職掌を奉じ、民の司直たるべき事

一、律法を遵守し、人民の権利を保護すべき事

一、聴訟断獄の事務は能く其の情実を尽くし、稽滞冤枉の弊なきを要すべき事

一、事務敏捷聡察、滞訟あるなく、冤枉無からしむべき事

一、裁判は必竟民の詞訟を未然に防ぎ、日々に治安の実効を奏すべき事

「司法行政や裁判制度に関する網羅的かつ体系的な規範」とされている司法職務定制は、これらを如何にして実現するのかという観点から立案されたといってよいであろう（霞信彦『矩を踰えて』）。司法省は「全国法憲を司り各裁判所を統括」する官庁と位置付けられ、その下に、審判を担当する「裁判所」、公平性を維持する監視役と司法警察を担当する「検事局」、法典編纂と法律審査を担当する「明法寮」が設けられた。井上毅が後日、「江藤新平前司法卿の司法省に在るときに、果然鋭為、一挙して進むの勢あり。其の章程を作れる。日夕監責、十日にして案なり。四十日にして活版に付するに至る」と記しているように、布達までのスピードには目を見張るものがあった。

明法寮は明治四年八月、「法律有志ノ生徒ヲ集メ」て、優秀な法律家を育てることを目的に設置されたが、司法職務定制によって新しい役割が与えられたのである。その長である明法権頭に就いたのは、かつて佐賀で共に研鑽した楠田英世であった。

司法省は、明法寮を中心にして、鋭意、司法行政に必要な規則や新法の制定に取り組んだ。江藤が明治六年一月二十四日に提出した辞表には、「民法草案」「各区裁判所章程規則」「訴訟法」「訴訟法略則」「治罪法・刑法」「国法」「番人の規則巡査の章程など」「監獄懲役の規則」「検事検部夫々出張の儀」「地方官及び諸

裁判所より納来る贓贖其の他の金、且つ諸費用会計に懸る諸規則」「各区裁判所等の設け方」「府県裁判所設け方」が、完成または起草中であると列挙されている。江藤の精力的な活動がうかがえよう。ここにある「国法」とは、明治六年六月に刊行された『憲法類編』である。維新以来の布告や法令のなかから、「国法」「民法」に属するものを抜粋し、それぞれをさらに部門分けして集成したものである。同書の序文にあるように、江藤たちは絶えず、大宝・養老の律令に匹敵する新たな「不刊ノ大典」を創り上げようと取り組んでいたのであった。

また司法省が「全国法権」を行使するために、五種の裁判所（司法省臨時裁判所・司法省裁判所・出張裁判所・府県裁判所・各区裁判所）を設置した。このうち、府県裁判所の設置が最も重視された。司法省設置後に公布された県治条例では、「賞刑」の判断も地方官の職務とされており、大蔵省や地方官が依然として地方の司法権を掌握していた。それゆえ、江藤は司法卿就任後に「聴訟断獄の事務は一切府県に至る迄当省の管轄となし、全国律法一軌に出で候よう之れ有りたし」と、全国の司法権を統一する方針を打ち出した。十一月二十八日に公布された司法省達第四十六号もその一環である。行政に対する「人民の権利」の主張を裁判所で認める道を開いたものとしてあまりにも著名である。一方で、対象が「地方官及び其の戸長など」に限定されていた。こうした司法省の動向は、地方統治体制の修正を迫るものであって、必然的に大蔵省・地方官と対立せざるをえなかった。

この対立は、明治六年度の予算編成において顕著に表われた。司法省は大蔵省

司法省時代の江藤新平（右から５番め）と同省の官吏（右から３番めは楠田英世）／佐賀城本丸歴史館蔵

司法省時代の江藤新平（右から２番め）と同省の官吏／同上

に、府県裁判所の設置などに必要な予算として、約九十六万円を要求した。これに対して大蔵省は、地方官の不満や経費の増大などを理由に、設置そのものの見直しを正院に要求し、かつ司法省には約四十五万円の予算案を提示したのであった。憤慨した江藤は、著名な「富強の元は国民の安堵に在り、安堵の元は国民の位置を正すに在り」の文句を盛り込んだ辞表を提出したのであった。最終的には妥協案が成立したが、大蔵省との確執は高まる一方であった。

当時の大蔵省の事務は、大蔵大輔の井上馨が遂行していた。彼は、こうした江藤を中心とする司法省の動向に強い不満を抱くようになる。さらにこの前後、山県有朋に収賄事件（山城屋事件）、井上に不正疑惑（尾去沢銅山事件）、そして槇村正直には小野組転籍事件と、長州出身の政治家が絡む問題が続出する。司法省は本来業務として摘発と粛正を遂行するが、長州閥はこれを江藤の政治的思惑によるものと見なし、強い恨みを抱くこととなった。

参議就任

岩倉使節団の派遣により岩倉や大久保、木戸など主要な政治家が長期不在であったため、大蔵省と司法省などの予算紛議に見られるように、政治決定政策調整を行なう正院（せいいん）の指導力不足が顕著になった。そこで正院の権限強化が図られ、その一環として明治六年四月二十五日、江藤は大木や後藤とともに、正院を構成する参議に任ぜられた。ついで五月二日に太政官職制と事務章程の潤飾が行なわれ、大蔵省の権限は縮小し、正院が立法権や予算編成権などを持つように改められた。また参議は「内閣ノ議官」として、立法や行政事務の当否を「議判」する職となり、政治の中枢に位置づけられた。江藤は遂に国政全体を担う立場になったのである。

江藤は早速、太政官制潤飾に基づいた諸官庁の組織再編を練り、五月十二日から十三日にかけて「政府将来の目的」「興国策」を起草した。西欧諸国と並立するために、五年を期して法と兵を完備して、条約改正を実現することを目的とし、それを実現できるよう各省の職制・事務章程を改正すべきであると提言している。江藤は、地方行政や行政警察の権限をもつ内務省を新たに設けて、大蔵省の権限を財務に限定して位置付けている。以降も、各省の職制・事務章程の改正や、『憲法類編』を参考にした「御批国憲」「御批民法」の作成など、江藤は再び制度立案に精力を傾けていた。以前と大きく違うのは、自らも政策決定権を持っていることである。

そこに岩倉使節団の副使であった大久保利通が、予算紛議の解決のために本国から召喚され予定を切り上げて五月二十六日に帰国してきたのであった。しかし太政官潤飾が既に実施されており、政府内の状況は出国前とは大きく様変わりしていた。そのため大久保は、大蔵省事務を放棄し暑中休暇をとるなど、しばらく「泰然として傍観」する姿勢であった。江藤は六月十六日、大久保に面会を申し入れている（鹿児島県立黎明館「玉里島津文書」）。「明朝之内」であればという返信を受け取っているが（個人蔵）、残念ながら、何を話そうとしたのか、また二人が本当に会ったのかどうかも分からない。ただ江藤が大久保に面会したかもしれない翌日の六月十八日付の上野景範宛書翰に、大久保が「一日片時も早く使節一同帰朝なくては相い済まざる事に苦心仕り候」と記したのは、何を意味しているのであろうか。

明治六年政変

九月になると、西郷隆盛を使節として朝鮮に派遣することが政治問題として浮上する。八月十七日の閣議で内定していたが、岩倉たちが帰国したあとに再評議して最終決定することになっていた。しかし岩倉や木戸らは使節派遣に異を唱えたのであった。明治六年政変の始まりである。江藤も参議である以上、こうした外交問題にも対応しなければならない。江藤は使節派遣に賛成した。大隈は後日、江藤は政治的混乱を利用して「薩長の横力」を打破しようと考え、まずは「長人」の排斥を試みて行動していたと語っているが、後付けの観は否めない。宮島誠一郎は日記に江藤の様子を「遁策」と、一歩距離を取っていたように記している。

この政変の政治的背景や経緯については毛利敏彦『明治六年政変』や高橋秀直「征韓論政変の政治過程」などの先行研究に譲りたい。結局、西郷の使節派遣は中止となり、江藤は十月二十五日に板垣、後藤、副島らとともに、辞表が受理されて下野することになった。ただし十五日の閣議では西郷の即行派遣が決定していた。それにも関わらず二十三日に派遣延期という裁決がなされたのは、大久保のいう「一の秘策」があったからである。この「一の秘策」とは、宮内卿徳大寺

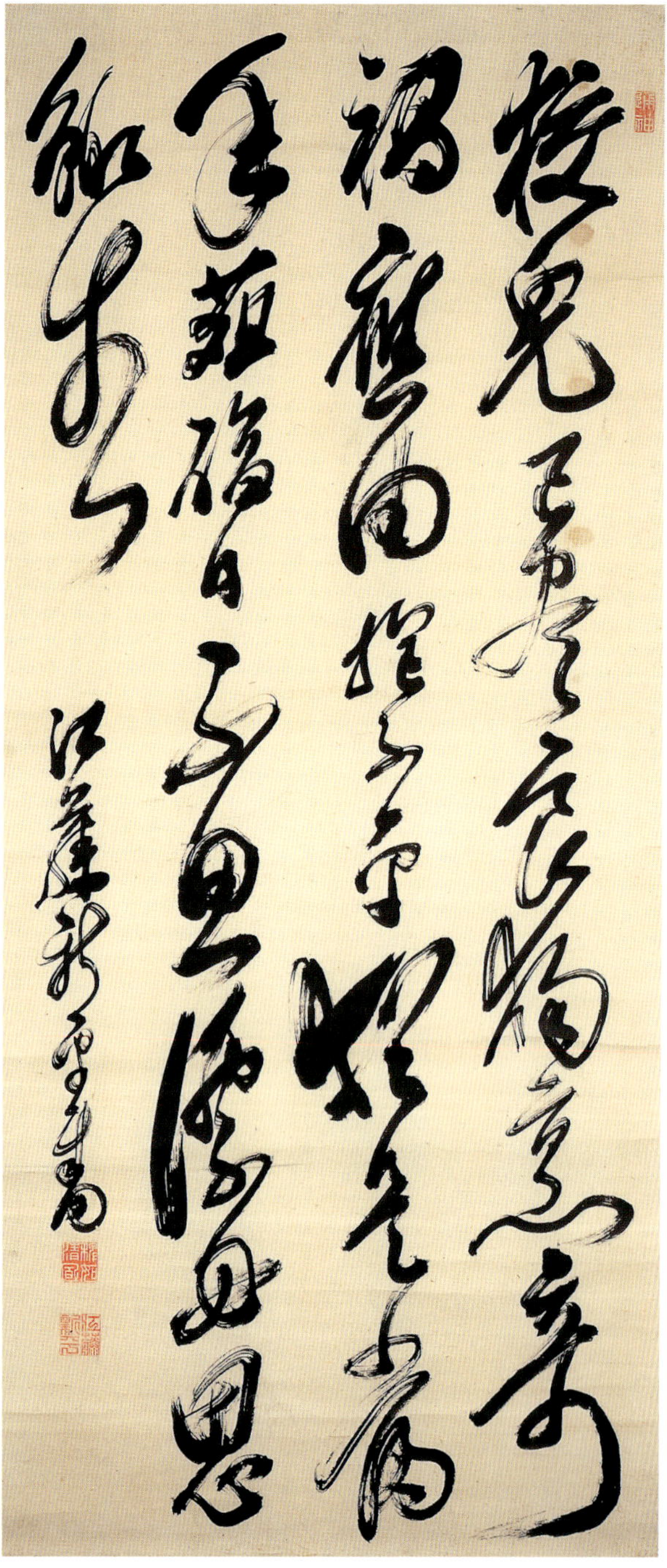

江藤新平書七言絶句　狡兎已尽良狗烹。奇禍応由抱不平。猶是当年菹醢日。不思漂母思飯生。江藤新平書。／佐賀県立博物館蔵

実則を通じた秘密上奏であった。事前に延期論の上奏を行ない、天皇の意志を固めておこうとしたのである。江藤は二十二日に西郷らとともに、病気で倒れた三条に替わり「太政大臣代理」となった岩倉を訪ね、閣議決定の即刻上奏を求めた。そのさい岩倉が即行・延期の両論を上奏すると述べたため、江藤は「摂理者の務めは、原任者の意を遵行するに在り」と強く批判したという。しかし宮中工作は既に進められており、派遣延期の裁断が下されるのは既定路線になっていた。

政変後、親交のあった人々は、江藤のことを色々と気にかけていたようである。土方が江藤を演劇に誘ったり、古賀一平が自宅に招き、蜷川式胤や横山由清とともに「清談の一興」を催そうとしたりしている。ある日、久米邦武が訪ねると、江藤は「天閑暇を賜う。将に江東に徙居し、法律書を読まんとす」と語ったという（『南白遺稿』）。捲土重来を期していたかもしれないが、江藤に残された時間はわずかであった。

佐賀の乱

翌明治七年一月十日、江藤は愛国公党の結成に参画し、十二日に左院に提出された民撰議院設立建白書にも名を連ねた。しかし江藤は、自由民権運動につながるこの動きとは別行動を取りはじめる。

建白書提出の数週間前、かつて江藤に教えを受けていた中島鼎蔵や山田平蔵らが佐賀から上京した。二人は明治六年政変を受けて結成された佐賀征韓党の幹部であり、江藤と副島に帰郷して首領に就任するよう要請に来たのであった。二人は話し合った結果、副島は東京に留まり、江藤が帰佐することとした。客観的に見れば、江藤の帰郷は政治的に非常に危険な行動であったのは間違いない。建白書に連署した板垣や後藤は、ともに帰郷を思いとどまるよう説得した。また政変によって距離ができていた大木や大隈も江藤の帰郷を知るや否や、江藤を訪ねて引き留めた。他にも、土方や木戸なども離京した江藤を止めるために人を派遣したという。江藤はそれでも帰郷を選択したのであった。征韓党員の多くがかつての門下生であり、江藤は彼らの要請を無下にすることはできなかった。

そんな折、江藤は樺山資綱（かばやますけつな）から、警保助の阪元純熙（さかもとすみひろ）をはじめ鹿児島県出身の邏卒三百名が辞職し帰県するという話を聞く。これによって佐賀に何らかの動きが生じるかもしれないと考えた江藤は、政府からは九日の帰県願への回答がまだなかったが、一月十三日に東京を発った。目的は「士気の培養」と「軽挙暴動の阻止」である（「江藤新平口供書」）。しかし大方の予想通り、江藤の帰郷はまさしく火に油を注ぐ形になった。佐賀県下の人々の高揚は、江藤の想像以上であった。帰郷した江藤の許には多くの者が押し掛ける一方で、「私怨」で殺害を図ろうとする者も現われたという。江藤は一時佐賀を離れて、長崎深堀でしばらく様子を窺うこととした。

江藤にとってそれ以上に予想外であったのは、政府の動きであった。明治六年六月に福岡で筑前竹槍一揆が、十二月に熊本鎮台で暴動が起こるなど、政府は九州の情勢に警戒を払っていた。そんななか、二月一日に憂国党の党員による小野組襲撃事件が起きたのである。政府はこの一件を「佐賀県士族暴動」の端緒と見なし、熊本鎮台に佐賀県下貫属士族の鎮圧を指示した。このとき、迅速に行動したのが大久保であった。七日に佐賀出張を願い出、九日には兵馬刑政の臨機処分権を与えられて、十四日に出京した。

一方の江藤はというと、十一日に三条実美から鎮撫を頼まれて帰郷した島義勇と面会していた。島から新県令の岩村高俊が、熊本鎮台の兵を引き連れて入県することを聞く。驚いた江藤は翌日佐賀に戻ると、城下の動揺は大きく、今後の対応を征韓党幹部と協議した結果、入城のさいに何らの布告もなければ、一戦もやむをえずという結論に至り、「決戦の議」を起草した。十五日に岩村県令は鎮台兵を率いて入城。布告がなかったため、その日の夜、江藤の率いる征韓党と島の率いる憂国党は、県庁が置かれた佐賀城を襲撃し、十八日には岩村県令と鎮台部隊を敗走させた。佐賀の乱のはじまりである。戦況は先行研究に譲るが、そもそも計画的な挙兵ではなかったために緒戦は勝利を収めたが、多数の鎮台兵が戦線に投入されると、あっという間に劣勢に追い込まれた。二十三日夜、戦局の大勢が決したと感じた江藤は、征韓党を解散して戦場を離脱した。鹿児島の西郷に助力を求めようと考えたのである。江藤は二十七日、鰻温泉の民家で西郷に会うが、両者の意見が一致することはなかった。その家の女性は「おいの言うとおりにせんとあてが違いもすぞ」という西郷の大声を耳にしたと伝えている。

非業の死

江藤の決意は、東上して「自訴」するという一点に定まっていた。江藤が捕縛

河野敏鎌／長崎大学附属図書館蔵

される根拠となった書翰にも、

> 自ら作せる罪の次第及び一片の寸心、一応殿下方或は諸参議衆の内ゑ拝謁申し陳べ度（中略）勿論前段の次第及び寸心を申し上げ候て、謹で刑に着くの心得にて御坐候。

と記されている。江藤は日向飫肥の小倉処平に船を用意してもらい、愛媛宇和島に渡り、東京を目指して移動した。途中、高知で林有造や片岡健吉らと会うが、もはや彼らの協力を得るのは不可能であった。次第に包囲網は狭まり、三月二十九日、高知県安芸郡東洋町甲浦の民家で捕縛された。四国における江藤の逃走の経緯や捜索などについては、近年、郷土史家の原田英祐が『江藤新平の土佐路』で詳解されている。

江藤は大阪への送致を希望したが、佐賀に送還されることとなった。移動の途中、江藤は宿泊宅の家人や警護人らに乞われて、書幅をいくつか残している。そのうち、絶筆と伝えられているのが、次のものである。

> 人心維危、道心維微、故聖人戒之曰、誠執其中。余毎懐此言、未嘗不感歎敬称也。因移得人心維危語、而賦和歌、且以自戒。歌云、郭公声まち兼て終に将月をも恨むひとごゝろ哉。

――「人心維れ危く、道心維れ微なり、故に聖人之を戒めて曰く、誠に

江藤新作／佐賀城本丸歴史館蔵

其の中を執れと」。余、此の言を懐う毎に、未だ嘗て感歎敬称せずんばあらざるなり。因って「人心維危」の語を移得して、和歌を賦し、且に以て自ら戒めんとす。歌に云く、郭公声まち兼て終に将月をも恨むひとごゝろ哉。

江藤は、ほととぎすの声を待ちきれない自分の性を、よくよく自覚していたようである。この書幅はのちに、持ち主から江藤の次男の新作に贈られ、『江藤南白』の口絵に掲載されている。一方、島らは島津久光を頼って鹿児島へ向かったが、三月七日に捕縛されていた。

江藤や島らの公判は、明治五年に制定した司法職務定制で、「国家の大事に関する事件」を審理するとされた司法省臨時裁判所で行なわれた。この裁判の担当は、大検事岸良兼養、権大判事河野敏鎌、大解部山崎萬幹、権大解部増田穂風である。岸良と河野は、かつて江藤が欧州に派遣した司法省使節団のメンバーであった。四月八日、九日に、裁判官が「罪人」を「一応推問」する「初席」が行なわれた。大久保が日記に「江藤其の他の詰問を聞。江藤陳述曖昧、実に笑止千万、人物推て知られたり」と記したのはこのときである。職務定制によれば、つづいて「口書読聞セ」が行なわれる。解部が自白を録取したもの（口書案）を罪人に読み聞かせて相違ないかどうかを確かめて、判事と検事が「口書」に連判する。そしてもう一度、「口書」を読み聞かせて確認させたら、罪人に爪印を押させる手続きである。江藤らの裁判では、十二日に最初の読み聞かせ、翌十三日早朝に二度目の読み聞かせが行なわれた。それから爪印を押させるわけであるが、

山中一郎／長崎大学附属図書館蔵

山中一郎や中島鼎蔵らは自分の陳述と異なるとして拒否した。獄卒が強引に押印させようとし、法廷は一時騒然となった。このとき、江藤が「今小吏輩と争ふも、何の益か之あらん」と語り、山中らもようやく押印したという。

通常であれば、「口書読聞セ」が終わったのちに、律文に照らして刑名を擬定し、判事・検事・解部が連判し、判事が罪人に「罰文」を言い渡すことになる。したがって「落着」までに、幾分かの時間がかかるはずであった。江藤はこの間に何らかの動きがあると期待していたのかもしれない。実際、東京では江藤や島の寛刑を求める声が挙がりはじめていた。しかし押印が終わるや否や、江藤たちに判決の言い渡しがなされた。前日、既に「断刑伺」が仁和寺宮嘉彰親王（のちに小松宮）に出され、「伺の通」という裁決が出ていたのである（『大久保利通日記』）。江藤への判決は「除族の上、梟示」であった。死罪判決を下すためには、司法省を経て天皇に奏上し、裁可を受けなければならなかったが、そうした手続きが取られた形跡はない。判決の瞬間、江藤が「裁判長、私は……」と叫んだというが、判決の内容はもちろん、こうした公判手続きへの驚愕からであったはずである。大久保は日記に「江藤醜体笑止なり」と記した。あまりにも過酷であろう。しかし逆に、この裁判がいかに政治的な思惑で行なわれたのかを象徴している。

四月十三日、江藤は「ただ皇天后土のわが心を知るあるのみ」と三度叫び、刑場の露と消えた。享年四十一。辞世は「ますらをの涙の袖をしぼりつつ迷ふ心はただ君のため」と伝えられる。

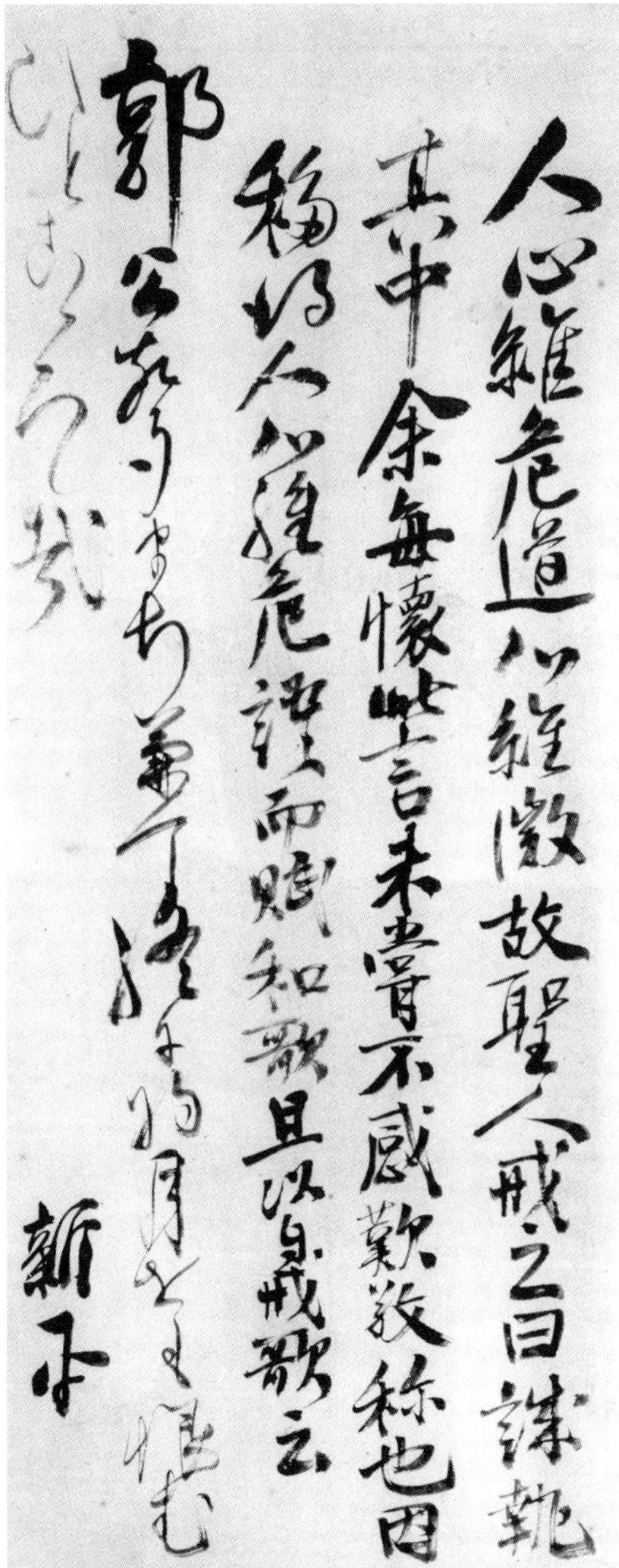

江藤新平絶筆　人心維危、道心維微、故聖人戒之曰、誠執其中。余毎懐此言、未嘗不感歎敬称也。因移得人心維危語、而賦和歌、且以自戒。歌云、郭公声まち兼て終に将月をも恨むひとごゝろ哉。／『佐賀先哲遺墨集』（肥前古書刊行会）

江藤の死後

江藤はその最期から、秦の商鞅によく擬される（『江藤南白』『法窓夜話』など）。しかし江藤をよく知る久米邦武は、前漢の晁錯を挙げている（『南白江藤新平遺稿』）。知嚢と称された晁錯は、納粟受爵制度などを実施して窮乏する農民を救う一方、地方の諸侯の封土を削るなどの法令を発して中央集権体制を進めようとした。しかしその辣腕ぶりが諸侯や同僚らの怒りを買い、呉楚七国の乱を招いた。かつて晁錯によって失脚した者が景帝に、彼を処罰すれば乱は収まると進言し、採用された。御史大夫の晁錯は、「刑は大夫に上らず」とされていたにもかかわらず、市場に引き出され、腰斬により処刑されたのであった（『史記』）。

死に至る経緯はまったく異なるが、久米は政治的理念に対する情熱と急進的な手法に、江藤との共通点を見出したのであろう。江藤の和歌に、

いそがずばぬれじと言ひし人もあれどいそがでぬるゝ時もありけり

とある。ここに江藤という人間の魅力と悲劇がある。

江藤の遺骸は、相良宗蔵と江藤家の縁者が引き取った。江藤が明治二年の藩政改革に従事したとき、徹底した処置によって、「木六、竹八、葭九月、江藤相良は今が切時」という落首が掲げられた。そのときの相良である。相良はのちに眼病を発症し、失明の危機に陥った。江藤は相良を東京に呼び寄せて、司馬凌海ら

江藤新平の妻千代子（中央）／佐賀城本丸歴史館蔵

江藤新平墓／佐賀市・本行寺

西洋医に診察させたが治療は難しかった。しかし相良は江藤の厚意に深く感謝していた。だからこそ、相良は引き取りに奔走したのであった。

江藤の遺骸は、江藤家菩提寺の蓮成寺に埋葬された。そして何時からか、墓所を参詣すると病気が治癒する、訴訟に勝つなどの噂が立ち、連日、大人数が押し寄せる騒ぎになったという。そののち江藤家の希望もあり、明治十五年に本行寺に改葬され、今も江藤はこの墓所に眠っている。墓碑銘は、副島種臣の直筆である。

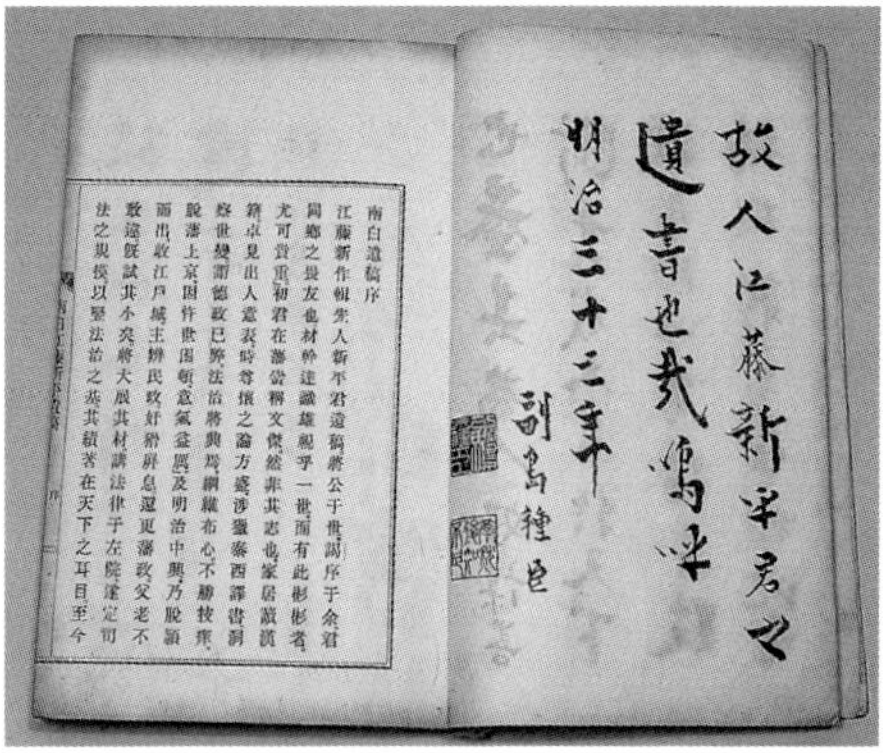

『南白遺稿』巻頭

江藤が逆賊という汚名を着せられて突然死去したため、遺族は一転して苦しい生活を強いられることになった。父新平が亡くなったとき、まだ十四歳であった長男熊太郎は、家に残っていた膨大な書翰や書類を前にして、弟の松次郎（のち新作）に、

先考歿すと雖も、其邦家の為めに尽瘁したる熱血は、尚遺書の中に在りて存す。之を編纂して天下後世に伝へ、以て先考の志を明にするは、蓋し我等小子の任なりと。

と語り、大切に保管し（火事で一部焼失）、二人で整理編纂した（『南白江藤新平遺稿』序）。しかし熊太郎は明治十六年八月一日に二十三歳という若さで病死したため、遺志は弟新作へと引き継がれた。そして明治二十五年八月に、当時帝国大学教授兼臨時編年史編纂委員であった久米邦武に批評を依頼し、亡父の遺稿を『南白遺稿』として刊行するに至った。新作はのちに衆議院議員となり、犬養毅のブレーンとして、明治憲政の発展に大きく貢献した。背後には、義祭同盟以来の盟友であった大木喬任、大隈重信、副島種臣らの存在があった。彼らは江藤の刑死を止めることができなかったぶん、新平の遺児である熊太郎や新作を厚く庇護したのである。

ともあれ、遺児たちの「任」によって、いま我々は膨大な史料を手にすることができ、江藤の「邦家の為めに尽瘁したる熱血」を感じることができるのである。

本書が「先考の志」、すなわち江藤新平が明治国家の建設にかけた思いを少しでも汲み取ることができていれば幸いである。

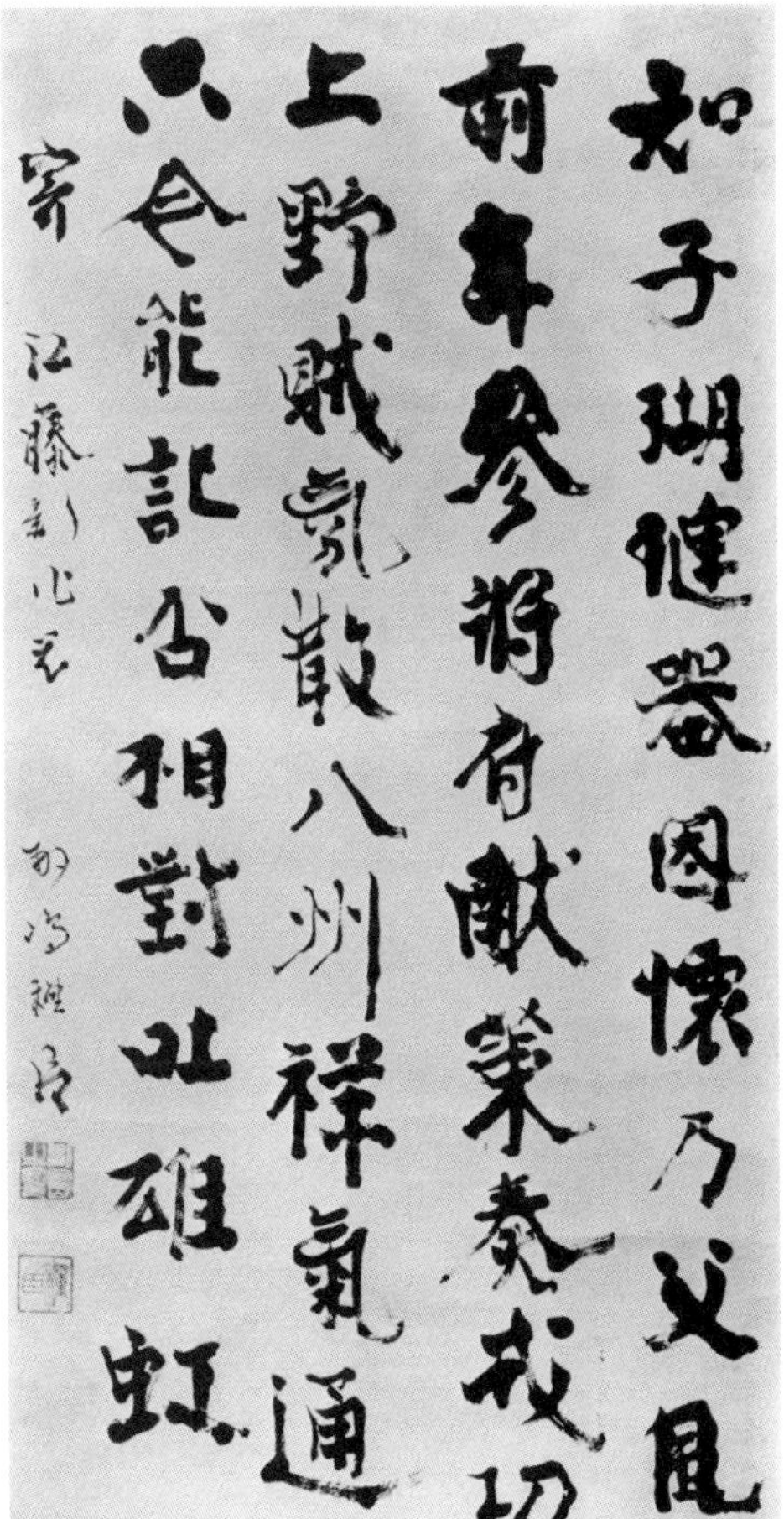

副島種臣書「寄江藤新作君」　知子瑚璉器。因懐乃父風。前年参将府。献策奏戎功。上野賊氛散。八州祥気通。只今能記否。相対吐雄虹。寄江藤新作君。副島種臣／『副島種臣書』（二玄社）

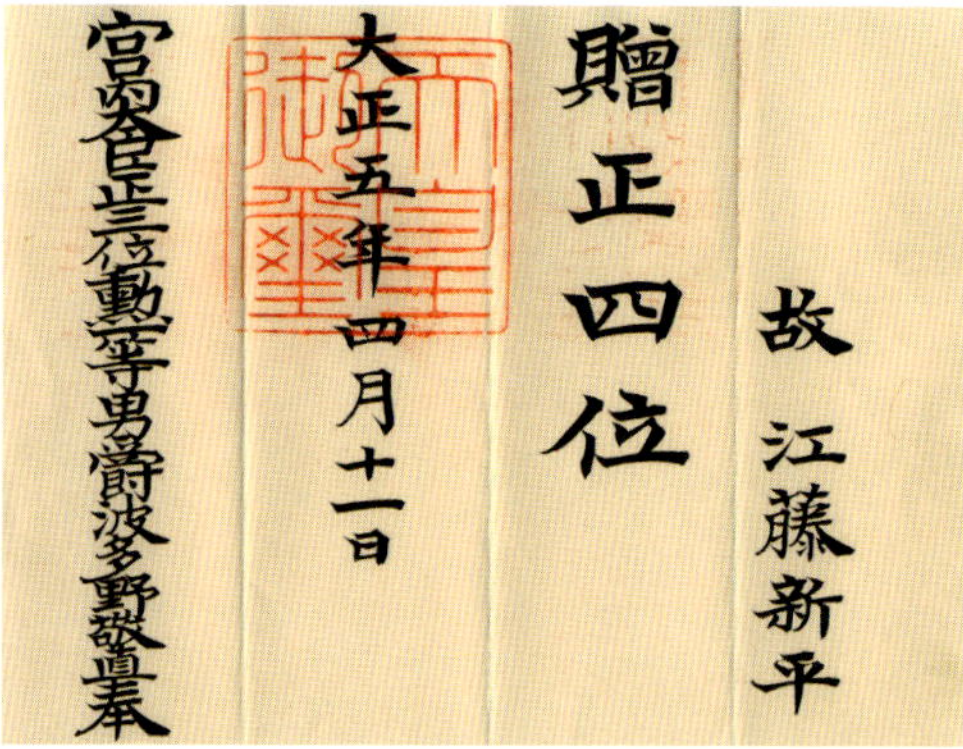

贈正四位
故 江藤新平
大正五年四月十一日
宮内大臣正三位勲一等男爵波多野敬直奉

贈位記／佐賀城本丸歴史館蔵

おわりに

的野半介『江藤南白』、杉谷昭『江藤新平』、毛利敏彦『江藤新平』、司馬遼太郎『歳月』など、多くの研究書や小説が刊行されている中で、本書を執筆するのは非常に難しいことであった。というのも、先行業績によって、江藤の言動のおおよそのところは明らかにされており、巷間では江藤新平のイメージがほぼ確立しているように見えるからである。こうした中で、筆者が本書を執筆する意義は、江藤新平関係文書研究会の会員の一人であったという点にあると思う。

もともと大学生のときに佐賀出身の友人から佐賀七賢人の話を聞いていた程度で、江藤新平をはじめ佐賀の近代史にそれほど強い関心を持っていたわけではない。そんな筆者が江藤を本格的に研究しはじめたのは、大学院に進学してからである。指導教授の島善高先生が、佐賀在住の研究者とともに設立された江藤新平文書研究会に、途中から参加することを許されたのがきっかけであった。

研究会では、会員一人一人が江藤新平関係文書の解読を担当し、三ヶ月に一度佐賀県立図書館（のちに佐賀県立佐賀城本丸歴史館）に集まり、十時から十七時頃までひたすら翻刻作業を行なった。研究会は約十年間にわたって継続した。さらに島先生の指導のもと、『江藤新平関係文書の総合調査』作成のために、全国各地の公共機関や個人宅で史料調査も行なった。ここで従来の研究では描かれていなかった江藤の言動を色々と知ることができた。したがって本書は、研究会の活動成果の一つであるといっても過言ではない。ただ筆者の力不足ゆえに十分に反映できなかった点も多く、本書の内容についての責任はすべて筆者にある。

江藤新平関係文書研究会の会員、生馬寛信（佐賀大学名誉教授）、岩松要輔（元公益財団法人鍋島報效会徴古館館長）、大園隆二郎（元佐賀県立図書館）、小宮睦之（元佐賀市文化財保護審議会会長）、大坪芳男（幕末佐賀研究会副会長）、志波深雪（元佐賀県立図書館）、大間敏行（元近畿大学九州短期大学講師）、辻富介（灘中学校・高等学校教諭）、羽場俊秀（元愛知学泉大学教授）、古川英文（佐賀県立佐賀城本丸歴史館）、山口久範（佐賀県立図書館）、吉田洋一（久留米大学教授）、松田和子（佐賀県立図書館）には深く感謝申し上げたい。研究会への参加は、原史料に触れ史料解読の力を磨くという研究面だけではなく、地元ならではの情報を得たり街の雰囲気を味わったりと、有意義な経験を積む機会を与えてくれた。そして早稲田大学大学院では、島先生をはじめ多くの先生方からご指導ご鞭撻を賜わり、かつ同門の仲間、とりわけ同期の重松優、齋藤洋子両氏からは、参考史料や文献などにつき度々教示を得、本書を執筆する上で多くの助言を得た。

最後に、一次史料の閲覧および写真撮影を許可して下さった江藤兵部氏、川浪清身氏、真木なお子氏らにも厚く御礼申し上げたい。本書の刊行を以って筆者の江藤研究が完結したわけではなく、江藤の実像を求めてさらに精進していきたい。

なお、本書の引用文については、新字新仮名遣いで表記し、漢文的表記は訓読し、必要に応じて読みがなを付すなどの補足を行なった。

江藤新平関連略年譜

（西暦）	（和暦）	（年齢）	（事項）
1834	天保 5	**1**	2.9 佐賀郡八戸村に生まれる。
1849	嘉永 2	**16**	弘道館内生寮に寄宿する。
1852	嘉永 5	**19**	5.25 義祭同盟に参加する。
1856	安政 3	**23**	9 月,『図海策』を草して開国論を唱える。
1857	安政 4	**24**	従姉妹の江口千代子と結婚する。
1860	万延 1	**27**	11.30 長男熊太郎が誕生する。
1862	文久 2	**29**	中野方蔵の獄死を知り,「藩府に上るの書」を提出して 6.27 脱藩する。9 月, 直正の上京を知り帰藩する。永蟄居に処せられる。
1863	文久 3	**30**	5 月, 大木喬任と久留米で, 真木和泉の弟外記の案内により, 長州藩士土屋矢之助・瀧弥太郎, 久留米藩士佐田白茅と会い, 藩の大砲を提供して長州藩を援助する約を結ぶ。6.15 土屋・瀧の斡旋より佐田に連れられて長州藩士三名が来佐する。しかし大木と江藤は約を履行することができず, 謝罪書を呈することで決着する。10.17 次男松次郎（のち新作）が生まれる。
1864	元治 1	**31**	6 月頃, 永蟄居が赦免となる。9.10「急務讜言」を起草する。
1866	慶応 2	**33**	12.7 牟田口幸太郎とともに大宰府に行き, 三条実美や土方久元と面会する。
1867	慶応 3	**34**	10.14 大政奉還。12.19 王政復古の大号令。12.30 郡目付役に任ぜられる。
1868	明治 1	**35**	1.11 京都に向けて伊万里を発する。3.8 土佐藩士の小笠原唯八とともに関東偵察を命ぜられる。閏 4.1 大木喬任と連署して東京奠都などに関する建言書を提出する。4.5 徴士に任ぜられる。4.10 関東監察使・三条実美の随行を命ぜられ, 江戸に向けて発つ。5.13 従五位下に叙される。6.8 江戸鎮台府判事に任ぜられ, 民政・会計・営繕を兼掌する。7.24 鎮将府,江戸の金銀座の移管を行なう。9 月,「東京御幸遅延を諫めるの表」を提出する。10.14 白絹と天杯を下賜される。10.14 鎮将府が廃止され, 会計官判事に任ぜられる。10.23 東京府判事兼勤に任ぜられる。11.24 由利公正の改革案に対する反駁書を岩倉具視に提出する。11.29 奥羽府県取調御用掛に任ぜられる。12.4 東京在勤に任ぜられる。12.12 皇居造営掛を命ぜられる。
1869	明治 2	**36**	1.3 手明鑓頭に任ぜられ, 加米 25 石を拝領する。2.21 母親の看病を理由に 50 日間の暇乞いを申し出る。3.1 佐賀に到着する。3.2 参政格に任ぜられる。3.13 准国老, 参政に任ぜられ, 座席は張玄一の次席, 加米 120 石を拝領し, 計切米 150 石となる。5.23 これまでの職務を免ぜられ, 位階を返上するよう御沙汰を受ける。6.19 東京に到着する。7 月,「民政仕組書」を起草する。佐賀藩権大参事に任ぜられる。10 月末, 上京する。11.7 中弁に任ぜられる。12.19 虎ノ門付近で佐賀藩卒族に要撃される。
1870	明治 3	**37**	2.30 制度取調専務となる。9.18 第 1 回民法会議が行なわれる。9.25 戊辰戦争の功績により禄 100 石を下賜される。11.27 第 1 回国法会議が行なわれる。
1871	明治 4	**38**	7.1 廃藩置県。7.18 文部大輔に任ぜられる。8.10 左院副議長に任ぜられる。11.12 岩倉使節団が出発する。12.9 従四位に叙される。
1872	明治 5	**39**	3.14 教部省御用掛兼勤となる。4.25 司法卿に任ぜられる。8 月, 司法職務定制。
1873	明治 6	**40**	1.24 大蔵省の予算削減に抗議し辞表提出。4.19 参議に任ぜられる。5.2 太政官潤色。10.14 朝鮮遣使問題に関する閣議が開かれる。10.24 板垣退助・副島種臣らとともに辞表を提出する。10.25 参議を免ぜられ, 御用滞在を命ぜられる。12.28 病気保養を理由に帰県を申請するが許可されず。
1874	明治 7	**41**	1.10 愛国公党の結盟。1.12 民撰議院設立の建白書に署名。1.13 佐賀に向けて東京を発つ。2.15 佐賀県権令岩村高俊が鎮台兵を率いて佐賀城に入城する。夜, 佐賀兵と鎮台兵と衝突する。2.23 征韓党を解散し, 海路鹿児島に向かう。2.27 鹿児島県鰻温泉で西郷隆盛に面会する。3.29 高知県の甲浦で捕縛される。4.13 佐賀臨時裁判所において斬罪梟首の宣告を受け, 同日刑死。4.16 木角村蓮成寺に葬られる。

江藤新平参考文献

江藤熊太郎, 江藤新作編・久米邦武批評『南白遺稿』, 博文館, 1892 年
富岡敬明『双松山房詩史』, 富岡春雄, 1899 年
江藤新作編『南白江藤新平遺稿』, 吉川半七, 1900 年
的野半介『江藤南白』上下, 南白顕彰会, 1914 年
木村知治『土方伯』, 菴原鉚次郎, 1913 年
三岡丈夫編纂『由利公正伝』, 光融館, 1916 年
大木遠吉『新日本と遷都』, 新興之日本社, 1917 年
久米邦武編述, 中野礼四郎校補『鍋島直正公伝』第 5・6 編, 侯爵鍋島家編纂所, 1920 年
多田好問編『岩倉公実記』, 岩倉公旧蹟保存会, 1927 年
沢田章『明治財政の基礎的研究：維新当初の財政』, 宝文社, 1934 年
相馬由也『中野方蔵先生』, 中野邦一, 1936 年
由利正通編著『子爵由利公正伝』, 由利正通, 1940 年
杉谷昭『江藤新平』, 吉川弘文館, 1962 年
小城郷土史研究会編集部「幕末の志士祇園太郎」,『小城の歴史』4-7, 小城郷土史研究会, 1968-69 年
松尾正人「明治初年の国法会議」,『日本歴史』412, 日本歴史社, 1982 年
横山伊徳「刑部省記・長岡右京一件」,『論集きんせい』8・10, 東京大学近世史研究会, 1983, 87 年
鈴木鶴子『江藤新平と明治維新』, 朝日新聞社, 1989 年
大久保利謙「江藤新平の「悲劇」」,『大久保利謙歴史著作集 8 明治維新の人物像』, 吉川弘文館, 1989 年
西脇康「明治新政府の金座接収と金座の終焉」(1)-(9),『収集』第 17 巻 9 号 - 第 18 巻 8 号, 書信館出版, 1992, 93 年
菊山正明『明治国家の形成と司法制度』, 御茶の水書房, 1993 年
毛利敏彦『江藤新平――急進的改革者の悲劇』, 中公新書, 増訂版 1997 年
古賀次郎『小城藩騒動 太田蔵人刃傷事件』, 私家本, 1997 年
勝田政治『内務省と明治国家形成』, 吉川弘文館, 2002 年
『楠公義祭同盟』, 楠公義祭同盟結成百五十年記念顕彰碑建立期成会, 2003 年
江藤新平関係文書研究会「史料翻刻 江藤新平関係文書――書翰の部」(1)-(13),『早稲田社会科学総合研究』4(1)-9(2), 早稲田大学社会科学研究科, 2003-08 年
島善髙監修『副島種臣全集』1-3 巻, 慧文社, 2004-07 年
大園隆二郎『大隈重信』, 西日本新聞社, 2005 年
西川誠「廃藩置県後の太政官制改革」, 鳥海靖他編『日本立憲政治の形成と変質』, 吉川弘文館, 2005 年
島善髙・星原大輔「史料翻刻江藤兵部氏所蔵江藤新平関係文書」,『早稲田社会科学総合研究』5(3), 早稲田大学社会科学学会, 2005 年
島善髙「川浪家所蔵 江藤熊太郎日記」,『早稲田社会科学総合研究』6(1), 早稲田大学社会科学学会, 2005 年
龍造寺八幡宮楠神社編『枝吉神陽先生遺稿』, 出門堂, 2006 年
島善髙「史料翻刻 真木なお子氏所蔵 江藤新平関係文書」,『早稲田社会科学総合研究』7(2), 早稲田大学社会科学学会, 2006 年
江藤新平関係文書研究会『江藤新平関係文書の総合調査』2007 年
菊山正明「江藤新平の裁判」,『宇都宮大学教育学部紀要』1(57), 2007 年
島善髙・星原大輔・齋藤洋子・重松優「史料翻刻 川浪家所蔵江藤新平関係文書」,『江藤新平関係文書の総合調査』, 2007 年
毛利敏彦『幕末維新と佐賀藩』, 中公新書, 2008 年
島善髙『律令制から立憲制へ』, 成文堂, 2009 年
江藤新平関係文書研究会「史料翻刻 佐賀県立佐賀城本丸歴史館所蔵 江藤新平関係文書――書翰の部」1・2,『佐賀県立佐賀城本丸歴史館研究紀要』5・6, 2010, 11 年
星原大輔『江藤新平と維新政府』, 早稲田大学出版部, 2011 年
島善髙『大隈重信』, 佐賀県立佐賀城本丸歴史館, 2011 年
重松優『大木喬任』, 佐賀県立佐賀城本丸歴史館, 2012 年

江藤新平関連史跡

江藤新平像

昭和51年，佐賀市神野公園内に建立された。毎年命日の翌日4月14日に「江藤新平卿銅像まつり」が行なわれている。
佐賀市神園4-1-3
TEL 0952-30-5681

生いたちの地

父親の浪人生活により佐賀城下を離れ，12歳から16歳まで過ごした地。当時生活用水として使用した堀が昭和58年ごろまで残っていたといわれる。

小城市小城町晴気497

金福寺

正応3年創建になる富士町最古の禅寺。永蟄居のさい居住したとされる。裏山には危険に処して身を隠したと伝える洞穴がある。

佐賀市富士町大字大野916

弘道館跡

古賀精里の進言を入れて創設された佐賀藩の藩校。天保11年10代藩主鍋島直正により佐賀城北堀端に移転，拡張された。

佐賀市松原2-5-22

佐賀県立図書館

大正2年鍋島家によって建設された佐賀図書館に始まる。江藤新平文書等，江藤に関する古文書・書籍を多数所蔵する。
佐賀市城内2-1-41
TEL 0952-24-2900

佐賀城本丸歴史館

幕末維新期の佐賀を紹介する展示を行なっている。江藤新平の書翰・書などを収蔵している。
佐賀市城内2-18-1
TEL 0952-41-7550

佐賀の乱招魂碑

歴代佐賀藩主が法華経1万部を奉納した万部島に，石造の亀趺に乗った大きな碑がある。傍らの角柱に江藤，島義勇ら210名の名が刻まれている。

佐賀市水ヶ江1丁目

生誕地

江藤新平の生誕地。長崎街道から北へ100メートルほど入った住宅街の中にある。

佐賀市八戸2丁目

本行寺

永正年間頃，龍造寺胤家が開いた日蓮宗寺院。江藤新平の墓があり，墓碑銘は副島種臣の揮毫である。
佐賀市西田代1-4-6
TEL 0952-24-1813

蓮成寺

江藤家の菩提寺。明治14年に改葬されるまで，この寺に葬られていた。江藤の遺徳を偲び連日参詣人が絶えなかったという。
佐賀市鍋島2-19-1
TEL 0952-30-5063

江藤新平遭危の地

佐賀の乱後，上京の機を窺っていた江藤が捕縛された地。甲浦小学校の裏に青年団によって建てられた石碑が残る。

高知県安芸郡東洋町甲浦

江藤新平遭難碑

明治2年12月20日夜，佐賀藩邸からの帰路，6人の刺客に駕籠を襲われて右肩に重傷を負った地。天皇から御見舞金をいただいた。

千代田区霞ヶ関3-8

星原大輔（ほしはら・だいすけ）
1976年，福岡県生まれ。
2001年，九州大学法学部卒。2009年，早稲田大学社会科学研究科博士後期課程修了。博士取得。日本近代史専攻。早稲田大学社会科学総合学術院助教を経て，現在，公益財団法人大倉精神文化研究所研究部長。
早稲田大学非常勤講師。
編著書：
『江藤新平と維新政府――明治草創期の国家形成に関する基礎的研究』（早稲田大学出版部）
「史料翻刻江藤兵部氏所蔵江藤新平関係文書」（『早稲田社会科学総合研究』5号）
「江戸鎮台判事時代の江藤新平――金銀座移管と長岡一件をめぐって」（『社学研論集』7号）
「江藤新平の明治維新――「東京奠都の議」を中心に」（『ソシオサイエンス』12号）
「由利財政と江藤新平――いわゆる「由利江藤金札論争」を中心に」（『ソシオサイエンス』13号）
「明治初年における井上毅の憲法制定構想――明治7年12月の憲法制定意見書を手がかりとして」
（『早稲田大学大学院社会科学研究科』12号）
『江藤新平関係書翰』（佐賀県立佐賀城本丸歴史館・佐賀城本丸クラシックス2）
ほか

佐賀偉人伝07　さがいじんでん07
江藤新平　えとうしんぺい

2012年　9月30日　初版発行
2022年　8月30日　2刷発行

著　者　星原大輔　ほしはらだいすけ
発行者　七田忠昭
発行所　佐賀県立佐賀城本丸歴史館　さがけんりつさがじょうほんまるれきしかん
佐賀県佐賀市城内2-18-1　〒840-0041
電話 0952-41-7550
FAX 0952-28-0220
装　丁　荒木博申（佐賀大学）
編集協力　和田夏生（工房＊アステリスク）
印　刷　福博印刷株式会社
歴史資料の収録にあたり、一部に不適切と考えられる表現の記載もありますが、その史料的な価値に鑑み、そのまま掲載しました
ISBN978-4-905172-06-2　C3323